戦後日本と政治学史

古典をめぐる十の対話

熊谷英人編
Kumagai Hideto

白水社

戦後日本と政治学史——古典をめぐる十の対話

川出良枝先生に捧げる

装幀＝藤井紗和
組版＝鈴木さゆみ

戦後日本と政治学史＊目次

Ⅲ　ポスト戦後、新たな語りへ

まえがき

熊谷英人

「情海の波」

福澤諭吉はかつて、一九世紀を「情海の波」に翻弄される時代と評したことがある（『民情一新』）。蒸気機関・電信・郵便・印刷技術などの急速な発展によって、コミュニケーションは著しく高速化した。「古人は一日に十里を歩したるもの今人は一日に三百里を走る、古人は一月を費やして文通したる者、今人は一分時間にその消息を知る」。全国はあたかも「一場の都会」と化したかのごとくであったが、急激な変化に直面した人心は「狼狽」し、「常に理と情との間に彷徨」するようになった。福澤はそのように指摘する。現代政治学の祖とも評されるグレアム・ウォーラスも、福澤とほぼ同時期に同種の診断を下していた。技術革新によってコミュニケーションが世界規模にまで拡大した現代世界はまさに「大社会」（Great Society）と呼ぶべきであり、そこでは理性的対話にかわって人間の情動性・非合理性がより喚起されやすくなる、と。

彼らの指摘から一五〇年ほどを経た現在、事態はとどめようもなく亢進している。とくに二〇世紀末以来膨張をつづけるインターネット技術により、人心を飲み込む「情海の波」はあまりにも激しく、荒々しくなった。福澤やウォーラスの時代が牧歌的にみえるほどである。「主権」「自由」「平等」「民主主義」「家族」「性」といった、近代国家を成り立たせてきた価値の自明性は懐疑にさらされ、言語象徴は無限に多義化し、曖昧化する。人びとの意識にのぼる概念の輪郭はどこまでもぼやけてくる。「情海の波」がかつてない激しさで押し寄せる現代にあって、西洋政治思想史学は何をなしうるのか。その答えを模索するため、われわれはひとつの共同研究をはじめた。戦後日本における政治学史研究の古典を改めて読み直してみよう、というのである。先人の偉大な業績の顕彰、などという意図はそこにはない。むしろ、われわれは各自の生々しい問題意識と専門的見地を前提としたうえで、あるときには共感をもって、あるときには批判の姿勢をもって古典と対峙し、対話することを通じて、政治思想研究が社会とのあいだにもちうる接点をいま一度、探ってみたかった。

戦後日本と西洋政治思想研究

各章の概観に入る前に、われわれの現在の立ち位置を確認するためにも、まずは戦後日本における西洋政治思想史研究の流れを簡単にふり返っておきたい。

出発点となるのは、福田歓一（一九二三〜二〇〇七）である。戦前の小野塚喜平次、南原繁以来の流れをくむ福田は戦後日本の政治学史研究の定礎者として知られる。大日本帝国の「国家破産」を目の当たりにした福田によれば、言語や概念は象徴的機能を有しており、象徴であればこそ、ときに多義化・曖昧化を免れない。福田は冷戦下の一九六〇年代の段階ですでに、「民主主義」（democracy）という言語象徴の拡散と曖昧化について指摘していた。

このような状況で第一にあらわになったのは、民主主義というコトバの多義化である。それは決して新しい問題ではない。元来民主主義というようなコトバは事実認識の道具であるとしてよりは、社会組織の象徴として使われる運命をもっているから、その意味内容は政治生活のレヴェルでどのように使われるかによって無限に多義化することを免れない。それにしても、多義化の程度は現代ではほとんどかつて想像もできなかったほど亢進した。第二次大戦における連合国の勝利が民主主義を無敵のシンボルにしたために、どのような政治体制もまた政治運動も恣意的にこの言葉を使うようになったからであり、さらに冷戦のイデオロギー的武器として民主主義シンボルが国際的にも操作されるようになったからである。その結果、民主主義は、どのような下位象徴とも結びつく上位象徴として使われ、もっとも曖昧なコトバに転落してしまう。

（福田、二〇〇九：一三～四）

福田にとって政治学史研究とはまさに、政治的概念の多義化・曖昧化に抗するための手段にほかならなかった。概念の来歴をたどり直すことによって、その概念がもつ本来の意味と射程を明らかにしようというのである。ただし、福田の学史研究は純粋な歴史研究ではなく、つねに「国民国家」と「近代民主主義」という約束の地を目指すものであった。そこではホッブズ、ロック、ルソー、そしてカントへと連なる社会契約論の系譜が、西洋政治思想の本流にして正統と位置づけられる。福田によれば、社会契約論こそ、「所与としての既成の社会関係」から意識を「剝離」させ、自由で平等な主体の「作為」による秩序創出の理論だからである。こうした福田思想史学は最終的に、通史の金字塔ともいうべき『政治学史』（一九八四年）に結実した。

福田歓一とならんで、戦後日本の政治学史研究に巨大な足跡を遺したのが、藤原保信（一九三五〜九四）である。「国民国家」と「近代民主主義」に向から政治的概念の歴史的発展を追跡した福田とは対蹠的に、藤原の思想史学を駆動したのは、強烈な理論的関心であった。藤原にとっての「政治理論史」とは、「歴史から一定の問題を受けとり、それゆえに歴史的現実を——意識的、無意識的に——わがものとしつつ、そのよりよき方向への転換を模索してきた人間の理論的営為の歴史」にほかならない。だからこそ、通史『西洋政治理論史』（一九八五年）において、藤原は各思想家の論理の襞を丁寧にたどるだけでなく、その「意義」について、独自の「政治哲学」——「近代科学思想とそこにおける自然主義的人間理解の生みだした現代社会の病弊」（『近代政治哲学の形成』）の克服を目指す、「善」と「正義」の本性の探究——の観点から論評を加えるのである。

かくてわれわれにとって重要なのは、良い意味での規範意識と歴史意識との内在的統一であるといわなければならない。そのばあいわれわれの規範意識の源泉を求めるならば、それは主体的にはわれわれがおのれ自身を——したがってまた歴史の全体を——対自化し、自己反省を繰り返しつつ、よりよきものへと造り変えていく自己意識的存在であるということであり、客観的にはわれわれがそのもとに生きている歴史の危機的状況であるといわなければならない。〔…〕かくして本書の究極的課題は、西洋政治理論史におけるプラトン以来の代表的な政治理論家をとり上げ、その理論の展開を歴史的に追跡しながら、われわれ自身の問題に答える新しい政治理論の可能性——それは政治理論のパラダイム転換といってもよいであろう——を模索することにある。
(藤原、一九八五：一四〜五)

藤原にとって過去の思想家たちは、現在と断絶した歴史的過去の住人などではない。ましてや、無批判的な顕彰の対象ではありえない。彼らは敬意をもって扱うべき、対等な哲学的対話の相手であった。

福田と藤原による通史叙述ののち、実は現在まで本格的な通史は登場していない。その後、西洋政治思想研究は著しい進展をみたにもかかわらず、である。一因として、歴史的アプローチの普及を挙げることができよう。既述のとおり、福田と藤原の思想史学への向きあい方は対蹠的であったが、「政治」、あるいは「政治的なるもの」に対する実践感覚を原動力とする点では共通していた。ところが、後継世代の研究者たちの関心は多くの場合、過去の思想家たちの置かれた知的・歴史的文脈の再構成に傾斜していった。とりわけ、スキナー、ダン、ポーコックら「ケンブリッジ学派」の影響は甚大であった。思想史叙述への実践的関心の混入は、対象の精密な歴史学的認識を歪めるものとして忌避の対象になる。かくして政治思想研究は政治学というよりは歴史学に接近していったのであり、通史の不在はおそらく、その兆候である。並行して政治思想研究は、ある時期まで保ちえていた社会的存在感をしだいに失っていった。

もちろん、それを是とする考え方もあろう。学問である以上、方法論的洗練と専門分化は必然であり、トータルな世界認識など夢でしかない。むしろ、いままでが異常だったのだ。無限に多様な地域と時代をつらぬく「政治的なるもの」の本質を論じたり、ひとつの対象や時代に限ってさえ膨大な研究蓄積があるにもかかわらず、あえて「通史」を書こうとするなど、時代錯誤もはなはだしい。たとえば、近代の一時期を専攻する日本史研究者が、(教科書や一般向けの入門書は別にして)日本のみならず、東アジア全域の古代から現代までを対象とし、なおかつ最先端の学術的成果をふまえた浩瀚な「通史」をひとりで書こうとすれば、どうみられるだろうか。ほとんど狂気の沙汰と思われるにちがいない。政治思想研究とて同断である。こうした見方によれば、政治思想研究者の仕事もほかの歴史学諸分野と同様、狭義の専攻に沈潜し、最先端の研究を追いかけ、それを更新しつづけることに尽きるのである。

しかし、本当にそれでよいのだろうか。自分の狭い専門をひたすら深堀りするというのもひとつの見識ではあるが、実際にそこまで割り切れる研究者は少数派だろう。身も蓋もない話かもしれないが、研究者が(法学部などの)大学教員として就職すれば大抵、「西洋政治思想史」の講義を担当することになる。初学者である学生たちを前にして、細かい専門的な話をしてもあまり意味がない。勢い、何らかの一貫した物語性をもつ「通史」を講ぜざるをえなくなる。こうした実務(?)的な理由は別にしても、政治思想研究者である以上——通史を書くとまではいかずとも——時空を越えた「政治的なるもの」の本質に迫りたいという思いを抱く研究者は、少なくないはずである。本書に集った執筆者たちも、「政治的なるもの」への根源的関心という点では一致している。

かくのごとき「政治的なるもの」の探究と、歴史学的認識との調和の——あくまでもひとつの——

可能性として、福田歓一の後継者、佐々木毅（一九四二〜）の思想史学を挙げることができよう。[1] 佐々木は本格的な通史を著してこそいないものの、その研究対象は実に多彩である。プラトン、マキアヴェッリ、ボダン、そして二〇世紀の日本とアメリカというように、まさに古代から現代までが彼の視界に収まる。佐々木は卓越した眼力と博識によって、個々の思想家に特有の思惟構造を——背後にある知的・歴史的文脈に十分に配慮しながら——解明するとともに、時空を超越して現象する「政治的なるもの」の意味を一貫して問いつづけた。彼にとっての「政治」とははたして何であったか。

共通の事柄、公的な事柄が複数の主体を介して営まれるところに政治の大きな特質があり、そこでは暴力行使がコントロールされるとともに、説得や討論に主たる舞台をゆだねるような政治が展望されることになる。公的なるものと共通な事柄の現実における追求と、主体の自由と複数性の双方にこだわること、この二つの要素の間の独特な緊張関係こそ、政治の核心として揺るがせにできない要素である。〔…〕政治という概念は権力よりもより複合的な概念であり、権力を一定の社会的文脈に位置付けることによってはじめて政治が可能になるというのが、ここでの立場である。そうした考えに基づき、ここでは政治を「自由人からなる一つの共同社会の中での公共的利益に関わる、権力を伴った（権力をめぐる）多元的主体の活動」としてとらえておきたい。

（佐々木、二〇一二：四六〜七）

佐々木によると、「政治」は単なる権力現象ではなく、「主体の自由と複数性」や「公共的利益」といった観念構造と不可分一体のものとして把握されねばならない。そして、そうした観念構造は「一定の社会的文脈」にもとづいて成立する以上、政治思想研究はなによりも歴史研究を前提せねばならないということになる。しかし他方で、「政治的なるもの」をめぐる探究としての政治思想研究は、純粋な歴史研究に還元されるべきものでもない。佐々木の思想史学において、「政治的なるもの」の探究と歴史的認識は緊張感を保ちながら共存し、相互に補完しあう関係に立っている。福田有広、川出良枝、宇野重規ら門下にも、佐々木の構えは受け継がれているように思われる。(2)

各章概観

以上のごとき系譜の末端にいるわれわれはいま、改めて先人たちの遺した著作を読み直そうとしている。古典的著作は方法論的洗練という点では、最近の研究に比べて見劣りがするかもしれない。だが、そこに込められた「政治的なるもの」の根源へと遡らんとする意志には、比類なきものがある。おそらく、形式上は洗練された現在の政治思想研究に欠けているのは、執念とすらいいうる意志なのである。この意志は小手先の要約を峻拒する。だからこそ、われわれはみずから古典と切り結ぶほかない。時代の課題を背負い、「情海の波」に抗しながら思想史の海を航海した先人たちの航海日誌を、さらに現代を生きるわれわれが繙く。これもまた、思想史学の醍醐味のひとつだろう。

ここで一度、各章の内容を概観しておきたい。

第一章(永見瑞木)が対峙するのは、戦後日本の政治学史研究の動向をながらく規定した著作、福田歓一の『近代政治原理成立史序説』（一九七一年）である。永見は難解で知られる同書の叙述を丁寧に解きほぐしながら、「文化創造の自覚的論理」に向けた福田の情熱をあざやかに描きだす。と同時に、福田の歴史叙述と、「今日」の思想史研究とのあいだに横たわる深い溝についても、的確な指摘がなされている。

第二章（安藤裕介）は永見論文とは異なり、福田歓一の思想史研究の実作ではなく、より実践的性格をもつ諸論考（『デモクラシーと国民国家』〔二〇〇九年〕に再録）に焦点を当てる。福田は「国家」や「デモクラシー」といった概念の歴史に強い関心を寄せたことで知られるが、安藤によれば、その根底に潜んでいたのは、人間の「文化」を規定する言語や象徴の力に対する透徹した認識であった。

第三章（越智秀明）が扱うのは、福田歓一門下の思想史家、有賀弘の代表作『宗教改革とドイツ政治思想』（一九六六年）である。越智によれば、カール・シュミットと共通の問題関心をもつ有賀は、近世ドイツの宗教論のうちに「自由」の意識の起源を探ろうとしていた。とりわけ、個人の宗教的自由と共同体秩序の絶妙な均衡の実例として高く評価されるのが、近世プロイセンの領邦教会体制である。

第四章（古城毅）は、同じく福田歓一門下にして一九世紀思想研究の大家であった、田中治男の『フランス自由主義の生成と展開』（一九七〇年）をとりあげる。バンジャマン・コンスタン研究の最前線に立つ古城は、福田歓一に倣って社会契約論を重視する田中の自由主義評価の厳しさを指摘したうえで、むしろ多様な政治構想のうちにこそ、自由主義の本来の魅力はあると力説している。

第五章（高山裕二）は藤原保信の「事実上のデビュー作」、『近代政治哲学の形成――ホッブズの政治哲学』（一九七四年）を改めて読み直し、そこに後年の「希望の政治学」の萌芽を見ようとする。高山によれば、福田歓一やレオ・シュトラウスの議論とは一線を画す藤原のホッブズ論は、「平和」の理念に対する強烈な実践的関心につらぬかれていた。

第六章（村木数鷹）は新進気鋭のマキアヴェッリ研究者の眼を通して、佐々木毅『マキアヴェッリの政治思想』（一九七〇年）について論じるものである。村木は自伝的記述を中心に執筆の文脈をおさえたうえで、六〇年代というイデオロギーの時代とマキアヴェッリ研究との緊張関係、さらには佐々木がマキアヴェッリの「原理的人間像」の解明から出発したことの意義を明らかにする。

第七章（上村剛）は藤原保信『政治理論のパラダイム転換』（一九八五年）と、佐々木毅『政治学講義』（一九九九年）の比較検討を通じて、両者の「政治」概念の位相を見極める。上村が重視するのは、八〇年代の文脈である。飽和点に達しつつある利益政治を前に、いかにして「政治的なるもの」の復権をはかるか。上村は同時代の言説、とくにシェルドン・ウォーリンの政治思想を補助線としてもちいながら、この問題に答えようとする。

第八章（秋元真吾）は、佐々木毅の後継者として将来を嘱望された思想史家、福田有広の著作を読み込み、その論理の襞を丁寧に追っている。無論、中心は斬新なハリントン論、*Sovereignty and the Sword: Harrington, Hobbes, and the Mixed Government in the English Civil War* (1997) に置かれる。秋元は同書をもって、福田独自の方法――「政治学者が自らの直面する現実との関係で古典を解釈し、その試みが幾重にも堆積していく、この立体的な解釈の積み重なり」の探究――の実践例として位置づけている。

第九章（小畑俊太郎）はほかの章と異なり、川出良枝と山岡龍一による『西洋政治思想史――視座と論点』（初版二〇〇一年）を題材にして、通史叙述のもつ可能性を探る。個々の思想家のテクストを時代順に配列して解説する通常の方法と異なり、同書の特徴は「論点」別の構成にある。小畑によれば、思想家同士の時空を越えた「論争」の観を呈する同書は、「自由民主主義の再検討」という一貫した問題意識により規定されていた。

第十章（熊谷英人）は、佐々木毅と福田有広の後継として西洋政治思想研究を長年牽引してきた、川出良枝の思想史学の基底に目を凝らす。厳密な歴史的方法を持ち味とする川出ではあるが、初期の代表作『貴族の徳、商業の精神――モンテスキューと専制批判の系譜』（一九九七年）の丹念な読解からは、ウォーリン、シュトラウス、ヴェーバーとの間で交わされた、「政治的なるもの」をめぐる知的対話が浮かびあがってくる。

もちろん、本書が戦後日本の西洋政治思想研究の豊かな水脈を汲みつくした、などというつもりは毛頭ない。紙幅の都合上、扱うことを断念せざるをえなかった本や論点も多い。専門家からみれば、あれもこれも論じられていない、と思われるかもしれない。日本政治思想史研究との関連性についても言及できなかった。それでも、西洋政治思想研究の最先端を走る執筆者たちが先人の研究と向きあい、真摯な対話を試みたことにはやはり大きな意味があろう。分析の視角も論者によってさまざまだが、かえってそこから、先人が積み重ねてきたものの多面性・多層性・多声性が現れてくるような気がする。だとすれば、それは対話の成功を示唆する。なぜなら、政治思想史とはいうなれば、「政治的なるもの」という人類永遠の主題をめぐって交わされる、尽きることなき会話の記録だからである。

本書に収められた十の対話が読者にとって、現代世界に押し寄せる「情海の波」を乗り越える一助となるならば、なにより、政治思想史学という学問を「面白い」と思っていただけるならば、執筆者一同、これに勝る喜びはない。

参考文献

宇野重規、二〇一三、『西洋政治思想史』有斐閣アルマ
川出良枝、山岡龍一、二〇一二、『西洋政治思想史――視座と論点』岩波書店
佐々木毅、二〇一二、『政治学講義』第二版、東京大学出版会
福田有広、二〇〇三、『政治学史講義プリント』(東京大学法学部図書館所蔵。登録番号：4151079227)
福田歓一、二〇〇九、『デモクラシーと国民国家』加藤節編、岩波現代文庫
藤原保信、一九八五、『西洋政治理論史』早稲田大学出版部

註

(1) 紙幅の関係上、本文では言及できなかったが、たとえば有賀弘、加藤節、佐々木武、田中治男、半澤孝麿、松本礼二、吉岡知哉といった福田歓一門下の思想史家たち、あるいは小野紀明や鷲見誠一らもそれぞれ独自の方法で、歴史的認識と「政治的なるもの」の探究の綜合を試みたといえる。

(2) 福田、川出、宇野には通史に対する共通の志向をみてとることができる。福田有広はすでにその講義案において、先行する政治学説の批判的継承、あるいは各々の政治学史像の連鎖の系譜としての通史構想を提示しており(福田、

二〇〇三)、宇野重規は福田の構想から影響を受けつつ、教科書のかたちで自身の通史像を示している(宇野、二〇一三)。対して川出良枝は山岡龍一とともに、テーマ別記述の教科書において、思想家同士の「時空を越えた「論争」」のプロセスとして西洋政治思想史を再構成している(川出・山岡、二〇一二)。

I　戦後からの出発

第一章　人間・哲学・政治の連環——福田歓一『近代政治原理成立史序説』

永見瑞木

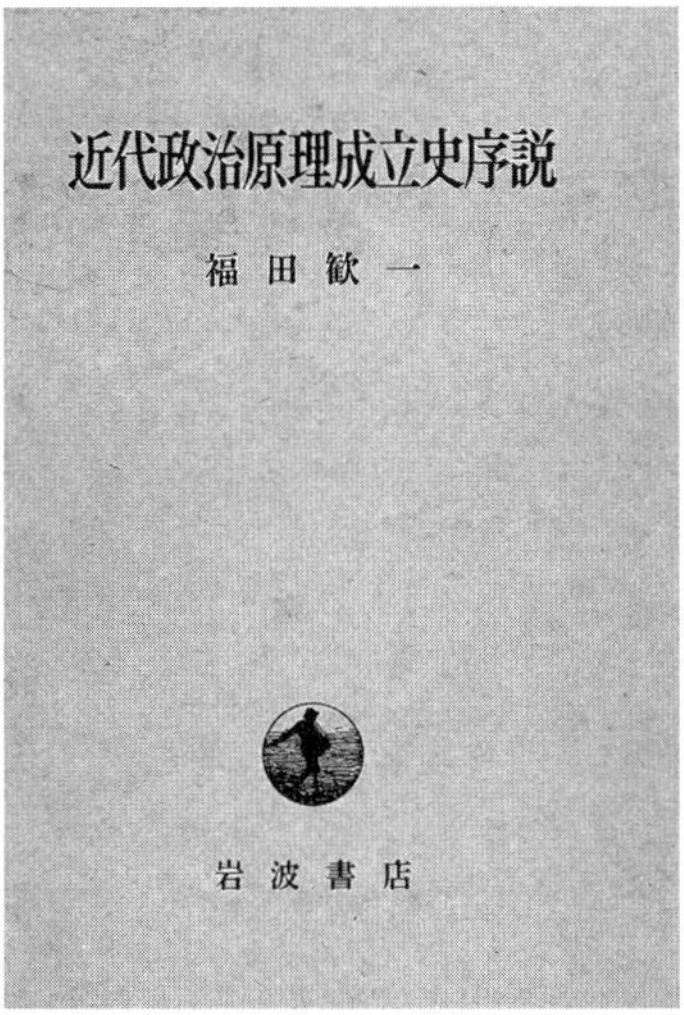

一　はじめに

今日、アカデミズムにおける評価と一般社会における受容とのあいだに大きな隔たりが存在する主題というものは、どの学問分野にもあり得るように思われるが、西洋政治思想史や政治理論の分野について言えば、その筆頭に思い浮かぶのが社会契約論であろう。いわゆるホッブズ、ロック、ルソーへと理論の展開がたどられる社会契約論の系譜のことである。本章ではこの見取り図を世に広めることとなった、福田歓一『近代政治原理成立史序説』（以下では『序説』と略）を取り上げる。

『序説』が刊行された一九七一年は、J・G・A・ポーコックの論集『政治・言語・時間』（Pocock, 1971）が出された年でもある。そこではすでに従来の「正典」中心の政治思想史が批判の俎上に載せられていた。この頃よりいわゆるケンブリッジ学派と称される研究潮流が登場し、思想史方法論をめぐる論争の紹介を含めて、日本における政治思想史研究にも今日まで多大な影響を及ぼしてきたことはよく知られている。そうしたなか、『序説』で行われたような一七、一八世紀の社会契約論を中心に据えた西洋政治思想史叙述は、今ではほぼ塗り替えられたと言えるだろう。

『序説』は決して読みやすい文体でないばかりか、「戦後日本の政治学が生み出した業績の中でも、最も難解なものの一つであると言って過言ではない」（加藤、一九九八：四二一）とも評される研究書である。

確かに、今日の学術論文ではおよそ目にしない言葉が並び、思想家の「限界」や「退行」を指摘し、「功利主義のごときは、なんら政治哲学の名に値するものではない」と言い切るなど、その叙述の姿勢には読者を寄せ付けないものがある。(1) また秩序形成の「構成原理」や「個人」による「作為」を中心とする分析枠組み、そして「個人主義」や「個人の解放」が繰り返し強調されることに対しても、自由民主主義への風当たりがますます強まり、「近代」も「民主主義」もかつての輝きを失って久しい現在では、どうしても温度差が感じられることは否めない。それは見方を変えれば、『序説』自体が過去を知るための歴史的考察の対象、いわば歴史的テクストとなったということであり、戦後日本の政治学、なかでも政治思想史という学問分野の歩みについて振り返るには、本書は外せないだろう。本章の関心もこの点にある。

近年『序説』についてこうした関心から論じたもののなかで、犬塚元の論考は、「福田パラダイム」などと評してその「独創性」を当然視するような向きに対して距離を置き、福田歓一の政治学史理解を、国際的な研究史の文脈に置きなおし、先行研究との関係を明らかにしようとする(犬塚、二〇一三)。また『序説』の第二部「政治哲学としての社会契約説」の成立過程を明らかにしようとする田渕舜也は、とくに福田の師匠である南原繁の学問からの継承とそれへの対抗、そしてオックスフォード大学留学の際のアイザイア・バーリンとの邂逅が福田に与えた知的影響を分析する(田渕、二〇二三)。『序説』を過去のテクストとして、同時代の歴史的文脈や学問的影響関係のなかにおいて捉えなおす研究は、今後さらに本格的につづけられることだろう。

他方で、『序説』が提示したホッブズ、ロック、ルソーを中心とする社会契約論の系譜が多大な社会的影響力をもったこと、そして今なおもちつづけていることも確かである。『序説』の出版から半世紀以上を経た今日の高校の政治経済の教科書を紐解いてみると、そこでは民主政治の成立に関して、「社会契約説は政府と国民の関係をどのようにとらえているだろうか」という問いとともに、次のような説明が与えられている。

この市民革命を支えた思想が社会契約説であるが、その前提としては、人間は生まれながらに権利をもつという自然権の考え方がある。個人以前に社会があり、生まれながらの支配者がいるというそれまでの考えに対して、社会契約説では、国家や政治権力は自由で平等な個人が自分たちの生活をより安全で豊かなものとするために、人為的につくるものとされた点が重要である。自由で平等な個人が国家の樹立のために互いに結ぶ契約が社会契約であり、この契約によりはじめて共通の権力(政治権力)が樹立されるのである。社会契約説はホッブズ、ロック、ルソーなどによって唱えられた。いずれも、社会成立前の自然状態を想定し、社会契約によって自然状態を脱して国家をつくる必要があると論じた。

(『政治・経済』(東京書籍)、二〇二二:七―八)

ホッブズ、ロック、ルソーの名とともに、自然状態と人間の自然権、人為的に作られた国家や政治権力など、ここには社会契約論のエッセンスが盛り込まれている。こうして見ると、政治思想史研究における関心の移り変わりとは裏腹に、この系譜がこれほど長く生命力を保っている理由は何か、と問うこともできそうである。本章はこの問いに直接答えるものではないが、それを考えるひとつの手がかりについて論じることにはなるだろう。

思想史の方法を過去のテクストとしての『序説』に適用することで、その歴史的な理解を深めるという王道的アプローチは他に委ねるとして、本章では『序説』が何かしら現代の政治学をめぐる学問状況に対してメッセージを有するとすればそれは何か、という問題関心のもとで『序説』を読み解いてみたい。こうした関心の背景には、近年、政治学において政治思想史と政治哲学・政治理論などの規範理論との分化がますます進んでいるとの指摘がある。[2] 政治思想史が歴史的アプローチにより重きを置くという点で歴史学としてのアイデンティティを強めているように思われる一方で、分析的政治哲学とも言われる政治哲学は、英米圏の分析哲学に由来する概念分析を軸に、規範理論としての精度を高めようと研究が精力的に展開されている。学問の専門分化の流れは、学問をめぐる同時代状況や社会状況とも結びついた問題であるし、それを共通の基盤の喪失ととらえて何らかの接点の回復を志向するか、あるいは学問の多様化としてポジティブに受け止めるかは、様々な態度があるだろう。この点に関して、ごく簡単に『序説』の立ち位置を確認しておくと、福田の場合は一〇代の頃より哲学を志し、とくにカント哲学を学び、南原繁の学問との出会いを通して西洋政治思想史研究に入ったという経緯がある。こうした学問形成からも分かるように、福田の学問的関心において哲学と政治は当初から密接に結びついていたのである。[3]

二　執筆の経緯と時代背景

『序説』は主に第一部「道徳哲学としての近代自然法」と第二部「政治哲学としての社会契約説」から構成され、そこに附論として「政治理論における「自然」の問題」と、「市民」と「近代」の「二つの用語についての補注」を加えた形で一九七一年に刊行された。第一部の元となる論文は、一九五二年から五五年にかけて『国家学会雑誌』に掲載された福田の初公刊論文「道徳哲学としての近世自然法」であり、第二部の方は、一九六一年刊行の南原繁の古稀記念論集『政治思想における西欧と日本』に収められた「政治哲学としての社会契約説」である。本書は一九五〇年代から六〇年代にかけての福田の学問研究の結晶と言えよう。

福田の政治思想史研究が、戦中から戦後にかけての日本の現実に対する切実な問題意識と結びついていることは、しばしば指摘されるところである。(4)『序説』の「序」においても、本書の主題が「大日本帝国の国家破産に自ら立ち会った体験に由来している」（福田、一九七一：viii）と明かされている。それは福田にとっては「人間の営為としての文化が巨大な既成事実として人間に対立」し、「政治の神秘化」が「人間をさらい行く」という悲劇であった。本書の主題は「近代政治理論の特質は、およそ社会生活において最も神秘に映りやすい政治という領域についても、これを人間自らの営為として徹底的に自覚化した点にあった」（同：viii）という文章に余すところなく表れているが、本論ではこの主題が近代自然法および社会契約論の思想史の詳細な分析を通じて、論証されることになる。

また福田は「政治哲学としての社会契約説」論文の執筆前にオックスフォード大学に二年間の留学をしており、そこで「さまざまの衝撃」を受けたという。その経験は「方法や物の見方への反省を迫らずにはすまず」、第一部と第二部が同じ対象を扱いながら、その「取扱い方には明らかに異なるものが生まれ」ることになったと振り返っている（同：viii）[5]。確かに、第二部では近代社会契約論が、そしておそらく自らの学問実践についても、政治思想ではなく政治哲学であることに福田は強いこだわりを見せており、その現代的意義とともに政治哲学の成り立つ条件について論じている。

とはいえ、本書を貫く視座に揺らぎはない。本書に頻出するキーワードをひとつ挙げるとすれば、脱却すべき対象としての「所与（性）」であろう。たとえば、福田は社会契約論の核心を次のようにつかみ出す。「社会契約説の生命は、実に所与との哲学的切断にあり、そこにこそ論理は自律し、公共表象が成員の意識のうちに生産せられる近代国民国家が哲学的に構成せられえたのであった」（同：三五二）。『序説』第一部の冒頭での日本国憲法前文への言及が示唆するように、既存の社会関係をいったん論理的に解体し、人間が合意により一から秩序を作り上げるとする社会契約論の政治哲学を明らかにすることは、福田にとって、この新たな憲法に刻み込まれた「近代民主政治の諸原理」を歴史的に、哲学的に解明することを意味していた。

三　秩序を支える内的規範――第一部「道徳哲学としての近代自然法」

思想の「哲学性」や「原理」が重視されるにせよ、『序説』が厳密なテクスト読解と歴史的分析に基盤を置く研究であることは言うまでもない。とりわけ言葉の問題に鋭敏な意識を向けていた福田は、西洋政治思想史における用語の問題をしばしば取り上げ、ヨーロッパの言語が古典古代から現代まで時代を超えて連続性を有すること、そしてそのことが特有の難しさをもたらしていることも同時に指摘している。(6)

近代自然法と社会契約論の関係について再検討する『序説』第一部も、自然法という用語について、時代を超えた連続性とその「時代的展開に伴う意味の変化」の問題の指摘から始まる。すなわち、古代ギリシアに遡る長い伝統をもつ自然法理論が、人間性の把握にもとづく近代自然法になると著しく多義的な内容を含み、その過程で重要な意味変容を遂げたことに焦点があてられる。

福田によれば、多義的な内容を含む近代自然法の諸学説に対しては、各々の論理構造と政治的機能の特質を明らかにし、それらがいかなる政治秩序を「自然的」、「理性的」なものとして提示したか、とりわけ「政治社会の所与性に対していかなる態度をとったか」の吟味が必要となる（福田、一九七一：一二三四）。こうした視座のもとに、グロティウスに始まる大陸自然法学とホッブズ、ロック、ルソーに見出される近代社会契約論の二つの潮流が峻別される。

大陸自然法学に対する福田の評価は総じて極めて冷淡であり、「支配権力を契約によって粉飾する」等々、酷評とすら言える。第一章は「世俗化の意義とその限界」と題してはいるが、ほぼ「限界」についての議論が占める。すなわち、グロティウスの自然法も「人間の作為にかかわるもの」であり、その合理性、開明性において王権神授説の神秘性と対決し得た点には意味があったが、その社会契約論は「たかだか既に存立し、現に支配する国家の単なる法学的説明であって、それ以上のものではまったくない」(同：二九)。「近代国家の形成に不可欠な要件としての中間団体の排除」もなく、「グロチウスをもって「契約説の創始者」とみることはまったく不当としてよい」(同：二九)[7]。以降、プーフェンドルフと続く大陸自然法学の潮流は、「開明専制体制の法的外被として発展」し、「体制そのものを問う批判の原理」となり得ず、「内的道徳的性格を失い、外的規範に徹し」、世俗的権力への服従を根拠づける「解釈原理」に堕したとされる(同：二八―三九)。

これに対して近代的政治秩序の「構成原理」としての社会契約論は、「社会そのものを契約による原子的個人の作為と考える立場」(同：一七―一八)とされる。そしてホッブズ、ロック、ルソーの思想の詳細な分析(それらは互いに連続性も断絶も指摘されて錯綜を極める)を通して追跡されるのは、自然法が社会秩序を支える「道徳哲学」として内面的規範となりゆく過程である。自然法の世俗化に関しては、近代社会契約論でも「宗教的根底を失うことはなかった」との指摘にも注目できる(同：五)。

福田の分析の特徴は、歴史的文脈における思想の解釈よりも、思想の論理的整合性の突き詰めた吟味を重視することにある。そのため、ホッブズのような思想の体系性を持ち合わせないロックやルソーの場合はとくに、福田の分析枠組みに収まりきらない要素は持て余し気味の印象を受けるが、全体としては以上の筋書きにまとめ上げられている。

個別の思想については本書の特徴を示す程度に触れておこう。近代政治原理としての社会契約論の嚆矢は、「自然法思想の転回者」ホッブズである(第二章)。福田はホッブズの思想における「自然法に対する自然権の圧倒的優位」に画期的意義を認める。これは、評価は正反対となるが、基本的には個人の自己保存のための自然権の確立にホッブズの近代性を見出したシュトラウスの解釈に沿ったものである。他方で第二章の副題に「自然法による自然法の破壊」とあるように、(8)万人の自己保存を保障するための「理性の戒律」としての自然法は、内面を拘束する道徳律となり、自然権のもたらす戦争状態を収束すべく、主権者による近代的秩序の強権的実現をもたらした。ホッブズは国家権力を契約によって導きながら、契約の効果を国家権力のもとにのみ認めるという論理循環に陥り、「契約遵守の自然法が自明性をもたないところに契約による社会形成を説くホッブズの悲劇」(同：六八)が生まれたと結論づけられる。

ホッブズ以降の「道徳哲学」としての近代自然法の発展を理解するための不可欠の前提として極めて高く評価されるのは、イングランド内乱期のピューリタンによる「自然法の革命」である(第三章)。すなわち、「信仰の自由をかかげて絶対主義を打ち倒した」ピューリタン革命は、「契約をそれ自体構成原理に変え、自然法を所与の外的秩序から解放して、内面の規範へと置換した」(同：一三五)。「人民協約」は「政治社会の作為の表象のモニュメント」とされ、イギリス立憲主義の質的変革がもたらされたことが強調される。

近代社会の倫理を体系づけたとされるロックについては、その神学的要素にも言及がなされ、フッカーの自然法の継受の扱いをめぐり議論は揺れるものの、「道徳哲学の推論による論証可能性」を信じ、「自然法を人間相互にわたる内面の規範として把握」した等、ホッブズとの類似に関心は向かう(同：一一九―一二〇)。とはいえ、自然権と自然法の背反を解決し得なかったホッブズとは異なり、ロックが「内面的規範に信頼して、社会契約による政治社会の成立を論理的に導き得たことは、原理における飛躍的前進であり、抽象的仮説としての近代自然法の現実への定着である」(同：一二七―一二八)

と評価される。さらに「立憲主義の転回者」としてのロックの意義は、権力の正統性の弁証論のみならず、自由の保障としての機構論を展開した点にも見出される(第三章)。

最後に「徹底したデモクラット」たるルソーについては、福田の分析にとっては最も扱いにくい思想家となるはずで、抽象能力の不足や論理の飛躍等が指摘されるが、ジャン゠ジャックの名で呼ぶなど、前二者とは明らかに異なる福田の思い入れが随所に窺える(第四章)。主に分析の対象となるのは『不平等起源論』での「自然法学」批判と『社会契約論』での契約国家論の関係である。それによれば、ホッブズとの関係がとくに重要であり、ホッブズ同様、「自然法の妥当を力によって保障する」、「解決としての国家」がルソーの「一般意志」にも当てはまる。ただしルソーの場合それは「自由な国民の自由な共同体」として描かれ、その点において「社会契約説そのものの絶頂」を意味した。「絶対主義のイデオロギーとしての世俗的自然法学に対するルソーの闘争は、まさにフランス政治思想における個人主義確立の死闘」(同:一九二)であった。

四　人間論に立つ政治哲学——第二部「政治哲学としての社会契約説」

先述のとおり、福田自身も認めるように、『序説』第二部は第一部と同じ対象を扱いながら(ただし第二部ではカントの契約説まで論じられる)、その扱い方が異なる。ここでは各々の思想内容の多様性や差異にも言及されるが、むしろそれらに共通する主題や論理構成に着目することで、近代国民国家を支える正統性理論を導くこと(「原理的強化」)に主眼が置かれている。思想家たちはいずれもそうした理論枠組みには収まり切らない側面を抱えており、それらをめぐって「矛盾」や「分裂」、「不安定」、「論理の循環」、「破産」、「挫折」などと指摘される様子は、まるで福田から叱咤激励されるようですらある。思想の継承関係も単線的なものではなく、ホッブズが解決できなかった問題を継承したロックが新たな解答を与える、あるいはルソーが別の視座のもとに問題を移し替え、解決の道筋をつける、といった具合に相互に問題の継承と解決の補完をしあうような関係性が描かれ、社会契約論の展開が跡づけられる。その際に福田は、社会契約論の思想がいずれも根底では「人間の哲学」の追求としてつながりをもつと理解する。「ホッブズ以降の社会契約説の発展を、カントまで含めて、そして一貫した「人間の哲学」の追求として、あるパースペクティヴのうちにおいてみるとき、その時にのみ、そこに現代が批判的に汲むべき、貴重な示唆を見出しうるであろう」（福田、一九七一：三九五）。

「人間の哲学」とは南原繁のカント哲学解釈から引き継いだ視点であり、それを福田は敷衍して「文化創造の自覚的論理」とも言い換える。すなわち、社会契約論者はいずれも、人間の認識・実践能力の吟味を通じて、人間を所与性から「自己超越」を果たす能動的な存在としてとらえた（「所与性と超越性の統一」としての人間）。だからこそ彼らには、既存の社会関係を論理的に解体し、政治社会を「自然状態」から構成することが可能となった。そもそも人間は象徴能力によって文化を生み出す自由な存在であり、言語という象徴体系を用いて政治社会を組織するが、とくに「象徴への依存が最も著しい政治生活」に対して「文化創造の自覚的論理」は重要な意味をもつ。[9] なぜならそれこそが、「公共表象がすべての個人によって意識的に担われ、象徴の独占による社会統制が解体すること」、すなわち政治社会を人間が自覚的に営むことを可能にするからである。このように、「政治の問題を人間に還元すればこそ、「人間の哲学」は人間能力の吟味の上に、政治社会を論理的に完結させたのであって、これによってのみ、政治社会にまつわる神秘のヴェイルは剝がれ、社会＝歴史的世界を捉える範疇機構は一変して、それは理性的認識の対象となるにいたった」(同：三九九)。

福田はこのような政治哲学としての社会契約論は、まさに現代的意義を有すると論じる(第二部第四章)。福田の歴史観によれば、一七、一八世紀の「偉大なる近代哲学」の後に訪れたのは「政治思想の世紀としての一九世紀」、すなわち「政治哲学の没落」であった。かろうじて政治哲学の条件を満たすとされたヘーゲル哲学以降に登場したのは、国民国家の機構論である自由主義理論や社会主義、急進主義等、諸々の「近代政治思想」であり、いずれも「人間理論との統一的連関」を見失った、「たんなる政治思想」に過ぎないという(同：三八八—三八九)。

福田にとって政治哲学とは、「生ける古典的精神をたんなる所与にまで還元し、分断する」ことではなく、「精神の高みにおいて過去の精神と対話し、そこに未来に開く哲学を自ら構築すること」にあった(同：三八九)。福田は二〇世紀を政治哲学の衰退した時代だと認識しながらも、「政治の原理的把握を最も切実に求められている」時代であるとし、その二〇世紀の人類の危機の打開のためには、社会契約論者たちの「文化創造の自覚的論理」が再び求められると力強く主張する。

五　おわりに

福田の政治哲学は、哲学的な人間論との密接な結びつきのもとに、過去の思想家との対話から未来を構想する学問的な営為であった。それは戦後日本の状況において、人間の尊厳にふさわしい新たな政治秩序が一から模索されるなか、個々人に秩序形成の自覚と責任を求めざるを得ない、そうした状況を前に選び取られた原理的態度であったと言えるだろう。そして『序説』でホッブズ、ロック、ルソーの社会契約論の系譜を示したこと以上に大切なのは、福田自身が社会契約論者たちとの格闘をとおして、政治が人間の営みであることを光も影も含めて真正面から見据え、そこに信を置こうとした点であるように思われる。これは時代を経ても、普遍的なメッセージとして響くものがあるだろう。

他方で、所与からの自己超越を果たす人間、理性的で能動性を備えた主体的な個人という人間像に関しては、今日ではむしろそうした人間像がこれまで無意識のうちに排除してきた存在にこそ関心が寄せられることだろう。いまや個人の自律や独立よりも、人間の弱さや依存の関係が織りなす社会関係が新たな関心を集めている。とはいえ、集団内部における少数者の問題など、集団と個人をめぐる問いは常についてまわる。だとすれば、今日では一体どのような人間論のもとにあるべき政治社会は構想できるのか。政治が人間による営みである限り、政治哲学は人間論など必要としないと果たして言い切れるだろうか。『序説』が究極のところ問いかけているのは、そのような問題のように思われる。

文献

福田歓一、一九七一、『近代政治原理成立史序説』岩波書店
福田歓一、一九八六、「日本における政治学史研究」（有賀弘・佐々木毅編『民主主義思想の源流』東京大学出版会、所収）

福田歓一、一九九八、「福田歓一先生に聞く」（『福田歓一著作集・第十巻』岩波書店、所収）
犬塚元、二〇二三、「政治学史研究における一九五五年体制」『みすず』七二八号
宇野重規・加藤晋編、二〇二四、『政治哲学者は何を考えているのか？』勁草書房
加藤節、一九九八、「解説」（『福田歓一著作集・第二巻』岩波書店、所収）
熊谷英人、二〇二三、『ルソーからの問い、ルソーへの問い――実存と補完のはざまで』吉田書店
田渕舜也、二〇二三、「「政治哲学としての社会契約説」の誕生」『政治思想研究』二三号
半澤孝麿、二〇一七、「回想の「ケンブリッジ学派」――政治学徒の同時代思想史物語」『思想』一一一七号
Pocock, J.G.A., 1971, *Politics, Language, and Time — Essays on Political Thought and History*, The University of Chicago Press.

註

（1）すでに当時から、「対象とする思想の中にその〈現代的意義〉や〈現代への教訓〉を読み取り、それを基準に〈評価〉を与えようとする」、「本質的に実用主義的で運動論的な発想」に対して違和感を覚えていたという政治思想史家の半澤孝麿は、戦後日本では語るべきデモクラシーの歴史的経験を欠いていたことも、福田の学問において「ある種超越論的規範論が、謂わば批判精神の高みから説かれる無意識の理由だったかもしれない」と振り返る（半澤、二〇一七：二一八―二一九）。

（2）政治思想史と政治哲学、それぞれの分野を第一線で牽引する研究者による興味深い対話の試みとして、「第一回ロールズ思想とは何だったのか――政治思想史と政治哲学の現在」（宇野・加藤編、二〇二四）を参照。

（3）これに関連して、佐々木毅は福田の政治思想研究について、「哲学と政治論という接点を考えるのがあたりまえだという伝統を、残されたのではないか」と述べている（福田、一九九八：二七二）。

（4）戦後日本の出発においてホッブズのもつ思想的意味について尋ねられた福田は、「一つの制度の崩壊のあと人間が自己保存のために手段を選ばないという状況」を目にして、「自己保存の基本権を認めて、しかも制度を作るという課題、

それを言語象徴によって解こうとする努力」、「人間の能力の吟味から政治の問題への出発をしているという点に非常に惹かれた」と語る（福田、一九九八：二五二）。

（5）（田渕、二〇二三）によれば、当時のイギリスの政治学の状況、すなわち論理実証主義の席捲による政治哲学の破壊に反対した福田にとって、バーリンの規範研究が政治哲学の可能性を示すように見えたという。

（6）福田歓一「日本における政治学史研究」（福田、一九八六）では、学術用語と日常言語とのあいだの断絶を意識せざるを得ない日本に比べて、ヨーロッパでは古典古代に由来する学術用語との断絶は学者でも無自覚になりやすく、「実体にかかわらぬ古典古代と近代との連続観が存在する」と指摘され、この連続観を相対化しうる距離のある日本における政治学史研究は、決して不利な立場にはないとの福田の「ひそかな確信」が打ち明けられている。

（7）これがギールケに対する批判であることは、付けられた註で示されている。これに関連して、（犬塚、二〇二三）は福田の「道徳哲学としての近世自然法」という観点には、「脱道徳化・外面化をキーワードにして自然法を語ったギールケに挑む意図があった可能性」を見出している。

（8）本文には「自然法の地盤と武器とをもって自然法自体を破壊しようとする」というギールケからの引用がある（福田、一九七一：六六）。

（9）言語象徴と政治をめぐる福田の問題関心については、（熊谷、二〇二三）の第六章「象徴と政治」も参照。

第二章　言葉と政治をめぐる批判精神――福田歓一『デモクラシーと国民国家』

安藤裕介

一　はじめに

政治哲学や政治思想史といった学問分野は、いわゆる象牙の塔に閉じこもった机上の空論でしかないのだろうか。それとも、何らかのかたちで現実の政治に対峙する力を秘めているのだろうか。福田歓一の学問的姿勢は、まさにこうした問いに対するひとつの答えを示しているように思われる。

本章で取り上げる福田歓一『デモクラシーと国民国家』は、福田の死後、弟子の加藤節によって編まれた論文集であり、福田自身が最初から一冊のモノグラフとして執筆を企図した作品ではない。にもかかわらず、同書にはそのタイトルが表わす主題――「福田が生涯のテーマとしてきた」問題（加藤、二〇〇九：iii）――のみならず、言葉と政治をめぐる福田の一貫した学問的姿勢を読み取ることができる。本章では、こうした点に焦点をあてて福田の政治学史研究が残した知的遺産の意味と、それが現実政治に対して有する批判精神の射程について考えていきたい。

ホッブズ、ロック、ルソーの社会契約説を中心とするヨーロッパ政治学史の研究者として出発した福田であるが、同時に安保闘争やヴェトナム戦争など現実の政治問題に関しても積極的に発言し、各種の新聞・雑誌に数々の寄稿を行っていたことが知られている。[1] この点で加藤は、南原繁、丸山眞男、福田歓一の師弟間で引き継がれた戦前・戦中・戦後の政治学を「批判主義的政治学」の系譜として描き出し、この三者においては「政治に対する批判精神」や「権力に対する野党性」こそがその学問的姿勢を貫く最大の特徴であったと指摘している（加藤、二〇一六：一三七）。本章ではこうした加藤の指摘に同意しつつ、とくに福田の批判精神のあり方の固有性に着目し、それが人間の認識能力の問題、とりわけ言葉の問題を中心に発揮されたことを論じたい。

日本の研究者のあいだでいわゆる言語論的転回やケンブリッジ学派の方法論への注目が集まる以前から、福田は言語の問題を政治学史研究の中心に据える姿勢を示しており、言葉のもつ象徴性や多義性、あるいはその拘束性や可変性といったものを非常に鋭く自覚していた。

二　福田にとっての国家の問題

政治学史の研究に携わる者として、福田は一貫して言葉に対する鋭い意識と徹底したこだわりをもちつづけた。それは初期のホッブズ研究から晩年の「市民社会（civil society）」論に至るまで変わることがなかったと言える。『デモクラシーと国民国家』所収の論考「政治認識の用語について」（一九九四年）の冒頭部分で、福田は次のように書いている。

政治学史という学問の対象は人類の政治認識の古典であって、これを学説と呼ぼうと理論と呼ぼうと、言語象徴による論述であることに変わりはない。逆に政治の世界は言語象徴を大きな手段として営まれる活動領域の一つであって、そこに認識象徴が同時に組織象徴として機能することは、例えば主権の概念が十六世紀のヨーロッパにおいて、いかに論争的性格をもったかにも明らかである。言語はコミュニケイションの手段としてもともと不完全性を免れないから、論述の用語は多義であり、また不断に意味を変える。そこにこの学問に携る者が、用語に特に敏感であることを要請される理由がある。

（福田、二〇〇九：一九八）

なるほど、政治の世界では「言語象徴」が大きくモノを言うのであり、そこでは言葉のもつ力が「認識象徴」あるいは「組織象徴」として人々の意識を強く拘束することになる。とはいえ、言葉は完全な表象・指示作用をもつわけではないので、その意味内容が絶えず揺れ動くことになり、多義的・可変的な様相を呈するのである。こうした政治認識の用語をめぐる福田の鋭敏な問題意識は、国家という「最も通時的に用いられる概念」（同：一九八）を中心に展開することになる。

一九七〇年代後半から一九九〇年代後半にかけて発表された国民国家をめぐる諸論文のなかで、[2]福田は「そもそも国家の概念を根本から再検討すること」、国民国家というヨーロッパ発の枠組みを「歴史の文脈の中において見直すこと」の必要性を訴えている（同：九九、二二五）。ややもすると私たちは「概念実在論」の罠に陥りがちであり、国家という概念を実体化して、それがずっと変わらず通時的に存在しているものと思い込んでしまう（同：二四五―二四六）。しかしながら、今日、「共通の枠組として使われている〔…〕主権国家自体が、そもそも歴史の産物であり、段階説的にいえば人類のある発展段階においてはじめて現われたもの」なのである（同：九九）。

ここから福田は、国家という名で様々な歴史的概念が一緒くたにされていることを問題視し、古典古代のポリス（polis）やキウィタス（civitas）、初期近代のスタト（stato）やステイト（state）といった政治社会の多様な姿を整理しながら、政治生活の単位の変遷を歴史的に跡づけようとする。そして、人的団体であり自由民の共同体であるポリスやキウィタスを国家pcと呼び、権力機構あるいは支配権力として成立したスタトやステイトを国家Sと呼んで明確に区別する。さらに、国家Sを外枠としながら近代の諸革命を経て出現した国民国家（nation state）を国家Nとしてこれに加える（同：九九―一〇四、一三九、一七二―一八三）。

ここで福田が強調するのが、国民国家の外枠たる国家Sを作り出したのは絶対王政であり、そこでは常備軍や官僚制といった権力機構が主権の概念と不可分に結びついていたという点である（同：一〇四―一〇五、一四二）。そして、国民国家が成立した際にもこの主権の概念は否定されることなく、君主主権が人民主権へと置き換わるかたちで存続したのだった（同：一一二、一四二―一四三）。アメリカ独立革命やフランス革命を経て定着した人民主権は民衆武装の論理とセットであったが、やがて一九世紀後半になると国家の軍事力と民衆の武器のあいだには歴然たる差ができ、国家による暴力装置の独占はいよいよ突出したものとなっていく。

他方で、国家Sの登場に関連して福田が着目するもうひとつの重要な点が、絶対王政のもとで進んだ、主権の領域支配への第一次集団の力ずくでの統合である。後に自明視される国民国家の名による共同性は、実際には地域ごとのアイデンティティの相違を主権が抑え込むことによって成り立っていた。フランスにおけるブルターニュやコルシカ、スペインにおけるバスクやカタルーニャはまさにそうした代表例であり、一九七〇年代以降に顕在化した分離独立の動きは、こうした歴史と無縁ではなかっ

た(同：二二九―二三〇、二二一―二二二)。

国家Sと国家pcが歴史的概念として大きく異なっていたように、国家Nの内部でも権力機構と人的団体のあいだに大きなズレが存在していた。そして、国家N成立の前提となった国家Sの諸問題、すなわち主権がもつ軍事的側面の問題と様々な地域の力ずくでの統合の問題が、現代世界の諸問題の淵源にあることを福田は強調する。一方では核戦略に依存した主権国家の暴力の問題が暗い影を落としており、他方では独自の言語・文化に根差す地域的なアイデンティティが各地で噴出していたのである。このような状況のなかで福田は、「国民国家の擬制的性格」の自覚化が求められていること(同：一二二)、とりわけ「主権国家を相対化し、擬制から解放された新しい枠組が必要」(同：一三六)だと訴える。

こうした認識の背後には、一九七〇年代以降の世界情勢の変化――国民国家の相対化へと向かう動き――もさることながら、福田における政治学史研究の深まり――国家概念の通時的使用への戒め――が深く関連していることが分かる。福田の執筆した教科書『政治学史』(一九八五年)は、論文「国民国家の諸問題」(一九七六年)とちょうど同じ年に行われた東京大学法学部での講義がベースとなっており、ここでも国家pc系の用語(polis, civitas, republica)と国家S系の用語(stato, state, Staat, État)の整理が基調をなしている(福田、一九八五：一三、二二一―二二三、一八四、二七〇―二七二)。同書において福田は、政治の概念をめぐる歴史のなかで「まったく異なった現実が同じ言葉で呼ばれて来たという事情」に注意を向けながら、とりわけ国家概念の歴史的変遷を念頭に置いて政治思想の通史を扱うことを目指したと述べている(福田、一九八五：iii)。[3] 国家のように「最も通時的に用いられる概念もまた時代的制約を負う用語の通時化であることを免れない」とすれば、「われわれの認識における概念実在論への警戒」を怠ってはならない（福田、二〇〇九：一九八、二七五）。というのも、「用語の同一が実体の同一を保証するわけではない」からである（同：一七五）。国民国家をめぐる現代政治の諸課題に向き合うにせよ、政治思想の通史を講じるにせよ、福田が繰り返し強調したのはこの点であった。

三　福田にとってのデモクラシーの問題

「用語の同一が実体の同一を保証するわけではない」――こうした言葉に対する福田の鋭い意識は、国家の問題だけでなく民主主義を考える場合にも発揮されている。しばしば一九六〇年代と七〇年代で問題関心の推移や力点の相違が指摘される福田であるが[4]、政治認識における言葉の重要性については一貫した姿勢をもっていたと言える。その点を確認するためにも、今度は時間を遡るかたちで一九六〇年代の議論を見てみたい。

一九六四年に書かれた論文「現代の民主主義」のなかで福田は、「民主主義というコトバ」（福田、二〇〇九：二―四）がいかに冷戦の論理に絡めとられているかを、この言葉の用法に注目して分析している。二つの大戦を経て民主主義を正当化の旗印とする趨勢が世界的に定着すると、第二次大戦で反ファシズム・反枢軸で結束した東西両陣営はそれぞれに民主主義を掲げる状況へと至った。そして冷戦の緊張や対立のなかで、民主主義は「権力の操作する公定のイデオロギー」へと変質し、「既成体制への制度信仰を強化」する方向へと利用されることになってしまう（同：一五）。アメリカを例にとれば、民主主義シンボルを「反共の同義語」としてもちだすことが常套手段となり、東西の軍事対立が煽られるなか、アメリカ国内では反共を理由に軍産複合体が温存される状況が出現していた（同：一三、三〇）。さらに、この「反共＝民主主義」という図式は同国においてマッカーシズムという政治的抑圧さえもたらすことになる（同：一六、三四）。

このような事態を念頭に、福田は「民主主義シンボルが普遍的権威を確立した現代」が「まさに民主主義そのものにとってもっとも根本的な試練の時代」、「奇妙な危機の時代」を迎えることになったと述べている（同：一七）。冷戦という文脈のなかで国際的な権力政治の道具あるいはイデオロギーと化し、既成体制の正当化に利用されてしまう民主主義シンボル（同：六〇—六一）——そこでは民主主義がすでに実現した価値として保守的・固定的に語られ、現実政治とのあいだで緊張を失い、所与を追認するだけの空虚なコトバとなり下がってしまったのであった。福田は「民主主義シンボル」と「民主主義精神」を慎重に区別しており、一方で生々しいパワー・ポリティクスを覆い隠すかのように利用される前者と、その背後で侵蝕されていく後者を鋭く対照させている（同：六二—六三）。だが、真に民主主義という政治様式を活かそうとするならば、われわれは「そのシンボルに仕える者」ではなく、「これを方法化し得る者」にならねばならないという（同：八三）。

この点で福田にとって重要だったのが、安保闘争の歴史経験である。福田に言わせれば、戦後の日本がアメリカの占領政策を受け入れた過程はある種「力への順応」であり、その後の反共軍事政策への組み込みの際にも「国民的主体」は不在のままであった（同：二八一、二八二）。だが、一九六〇年の安保闘争では国家権力と「国民社会」がはっきりと対立し、国民の側に政治の当事者たる意識、政治主体としての自覚が芽生える歴史的契機がおとずれた。[5]ここに、戦前のような権力機構による上からの作為や天皇を中心とする「日本的なもの」とは異なった仕方で、社会構成員の自発的・自生的な連帯による「国民社会」が形成されることを福田は期待していたのである（同：二七七—二七八）。

そこでは、冷戦の論理や体制内の価値への還元を超えたところで「デモクラシーの方法化」が模索されていたと言える。福田はこうした過程を経て形成される「国民的主体」の特徴について次のように述べている。「このような主体は所与として与えられるのではなく、自己自身を含めて所与を批判し得る自己解放の能力＝根本的なラディカリズムの形成にかかっている」（同：二八九）。支配権力がもたらす既成事実への安住や従属ではなく、むしろ民衆一人ひとりが自己の批判精神でもって所与に自覚的に対峙すること、これこそが福田の考える「デモクラシーの方法化」であり、「国民的主体」に求められる資質であった。[6]そして、こうした発想は社会契約説の研究者として出発した福田ならではの原理的思考、すなわち「自然と作為」の対比とも密接につながっている。

自らの社会契約説研究のエッセンスを凝縮した『近代の政治思想』（一九七〇年）において、福田は、一見すると「謎のように見える権力の問題、また人間を押えつけている国家の問題」が「どういう人間的な能力のうえに、人間によって構成されているかというメカニズム」を見破ることの重要性を説いている（福田、一九七〇：一五二）。というのも、人々がある秩序を自然なもの、当たり前のものと思っているうちは、それは強固な秩序となるのであり、反対にそのカラクリを自覚化すれば、現状を変えられる可能性へと開かれるからである（同：一五—一九）。

とくに福田は、国家の安全保障のためかえって人類全体の存亡を脅かすまでになった核兵器の恐怖を念頭に置きながら、[7]「主権国家というものが現代にもたらしている深い危機」に注意を促す。それはまさに「人間のつくりだしたものが人間に対立する状況」であるがゆえに、その「巨大な力」、「巨大な偶像」、「そのカラクリを見破って人間に引き戻すこと」が求められているのである（同：一八八、一九七―一九八）。主権国家の暴力が核兵器というかたちで極限にまで至った時代にあって、人間が作為の主体として国家の問題にいかに向き合うべきかが問われていた。そこでは所与に引きずられない「デモクラシーの方法化」が、言い換えれば「自己自身を含めて所与を批判し得る自己解放の能力」が人々に求められていたのである。

国家は自然に存在するものではなく、人間が作為するものであり、とりわけ言葉による組織象徴すなわち擬制の論理によって成立している。それが単に物理的暴力を独占しているという事実だけであれば、ならず者や強盗団と何ら変わりないが、国家である以上そこには擬制の論理――主権という言葉による正統化――が伴うのである。そうだとすれば、この人間の作り出したものに人間自身が絡めとられないための知的探究こそが学問の根底にあらねばならない。こうして先に見た国家の問題とデモクラシーの問題は、言葉と政治をめぐる批判精神というかたちで密接に結びつくことになる。

四　学問と現実の連続性

福田にとって批判精神としての学問の原点は、南原繁『国家と宗教』（一九四二年）との出会いにまで遡る。戦時下の旧制一高時代、「当時の日本の現実と対決している思想がないというむなしさ」を抱えていた福田は、同書を読んで「現実の全重量に堪えている学問に出会ったという感激」を得たという（福田、一九九八c：二五〇）。その後、福田は夢中になってカントの三批判書を読み、南原のもとで学ぶべく東京帝国大学法学部への進学を目指した。そして、大学入学後すぐの学徒動員を経て、終戦後に南原のもとで学ぶ機会を得た福田が肌で感じた師の学風とは次のようなものであった。「〔南原〕先生にとって、政治は決して所与の国家の歴史や機構の問題にとどまるものでなく、およそ人間の創造する一切の文化の批判、すなわち哲学との関連において、はじめて捉え得る世界」であった（同：四二）。ここで「文化」と呼ばれているものは、自然と対比されるもの、すなわち「作為」とも言い換えが可能なものである。南原にせよ福田にせよ、「文化形成者としての人間の自覚」のうえに「政治哲学」があると考えられたのである（福田、一九九八b：二二〇）。

こうして南原からの学問的影響のもと、福田の研究生活の根幹に宿りつづけたものは何よりも批判精神であった。その際、福田はホッブズ研究をとおして、言葉の問題、認識の問題、そして認識主体の問題に大きな関心を寄せていく。(8)一九五一年、東京大学法学部に提出された助手論文が「ホッブスにおける近世的政治理説の形成」だったことは偶然ではない。(9)晩年の座談会で福田は自らの研究の出発点について、ホッブズという思想家が「人間の認識能力、人間の実践能力、そういう人間の能力の吟味から政治の問題への出発をしているという点」が非常に魅力的であったと振り返っている（福田、一九九八c：二五二）。そして次のように続けている。

作為、フィクションというものの力が、つまり科学と同じように国家は人間がつくったものだから、それにはもう神秘はない、完全にそれを知ることができるという、こういう〔ホッブズの〕見方が、逆に、カントで自分がそれまで十分意識しなかったことについての新しい視野をつくったことも事実です。（同：二五五）

師の南原がカント哲学をもって「人間の哲学」と呼んだとき、そこには三批判書を通した「人間の能力の自己吟味」が想定されていた。福田はまさに「その系譜の始点」にホッブズを見たのである。「この点では作為の論理を南原先生の「人間の哲学」を遡らせて、僕なりに受け継いだわけです」（同：二五五）とも述べている。福田はこの「人間の能力の吟味」に即しながら、「言語象徴を使って擬制をつくっていく高次の人間の能力」、さらには「実践能力と認識能力を媒介しながら擬制をつくっていき、公共をつくり出す」という側面に政治の存在意義を認めたのであった（同：二五九）。

このように認識主体の側の問題として政治のロジックを理解すること、国家を擬制として、つまりは言語象徴による作為の産物として把握すること——このような認識主体の側へと問題を引き寄せるアプローチこそが福田独自の批判精神の発揮のされ方であったと言っていいだろう。政治の「現実」は動かしがたいものではなく、言語象徴を通じて私たち認識する側が構築し形成するものだという自覚をもつこと、このようなある種の「コペルニクス的転回」がカントにおける「人間の哲学」の始点をホッブズに見出した福田ならではの発想だったと言える。福田の政治学史研究のすべてが完全にオリジナルなものであったというわけではないとしても、[10] こうして見ると福田自身には初期からの一貫した学問的姿勢があったことも確かなのである。そして、言葉のもつ象徴性や多義性、その拘束性や可変性といったものを政治学史研究を通じて鋭く自覚していたからこそ、福田は国民国家や民主主義といった同時代の現実政治の課題にも真正面から対峙することができたのである。

五　おわりに

福田にとって、政治学史という学問的営みは言葉の表象作用やその用法を鋭く意識するがゆえに、現実政治と対峙することや格闘することにも地続き的に結びついていた。この点が福田の批判精神の特徴であったと言っていいだろう。

なるほど、政治の言葉は非常に厄介なものである。すでに見てきたように、ポリス、キウィタス、スタト、ステイト、ネイションはいずれも「国家」と訳される可能性をもつが、その内実は歴史的に見ればまったく異なっていた。また、保守政党であれ革新政党であれ、ともに民主主義という言葉を口にするかもしれないが、その意味内容が相互にまったく異なったものを指している場合もあろう。あるいは、民主主義という言葉をもっぱら選挙や議会政治に結びつける人々もいれば、デモのような直接行動や社会運動にこれを見出す人々もいる。

言語は天然自然に存在するわけではなく、制度や文化として人間が生み出すものである。しかも、同じ言葉であってもそれが発せられる文脈や発話者の意図によって、その意味は大きく異なってくる。しかしながら、こうした言葉にそれと気づかぬうちに人々の意識は束縛され固定化されてしまう。他方で、言葉の象徴体系は絶えず揺れ動いており、まったく新しい言葉が作り出されることもあれば、時代の推移とともに古い言葉の意味内容が変化することもありうる。たしかに言語は象徴として人間の認識や政治社会のあり方を拘束するかもしれないが、同時にまたこれを自覚化し変化させていくだけの能力も人間には備わっている。ここから、政治という人間の営みにおいては、現状とは異なった別様の世界が可能なこともまた示唆されるのである。

　こうした点を確認するかのように、福田は『政治学史』のなかで学問とりわけ思想史や学説史がもつ両面の力を次のように指摘している。「概念化による認識、その体系としての理論が形成せられて、はじめて学説史の独自の展開が現われる。しかも、そこに形成せられる学術用語も、しばしば事実過程を動かすのが、人間の歴史というものである」（福田、一九八五：三〔傍点は引用者〕）。学問が生み出す言葉は、人々が現実に縛られて身動きできなくなる力をもつと同時に、人々が現実を捉え返してこれを変革するための力にも転じる可能性を秘めているのである。

文献

福田歓一、一九七〇、『近代の政治思想――その現実的・理論的諸前提』岩波書店
福田歓一、一九八五、『政治学史』東京大学出版会
福田歓一、一九九八a、『福田歓一著作集・第一巻』岩波書店
福田歓一、一九九八b、『福田歓一著作集・第二巻』岩波書店
福田歓一、一九九八c、『福田歓一著作集・第十巻』岩波書店
福田歓一、二〇〇九、『デモクラシーと国民国家』加藤節編、岩波書店

犬塚元、二〇二三、「政治学史研究における一九五五年体制」『みすず』七二八号
大井赤亥、二〇一〇、「福田歓一における戦後東アジアと内発的「国民形成」の問題」『相関社会科学』二〇号
小熊英二、二〇〇二、『〈民主〉と〈愛国〉――戦後日本のナショナリズムと公共性』新曜社
加藤節、二〇〇九、「編者はしがき」「編者あとがき」（福田、二〇〇九）所収
加藤節、二〇一六、『南原繁の思想世界――原理・時代・遺産』岩波書店
熊谷英人、二〇二三、『ルソーからの問い、ルソーへの問い――実存と補完のはざまで』吉田書店
田口富久治、二〇〇一、『戦後日本政治学史』東京大学出版会
丸山眞男、一九九六、『丸山眞男集・第二巻』岩波書店

註

（1）雑誌『世界』の総目次を調査した田口富久治によれば、福田の登場回数は坂本義和や篠原一と並んで、政治学者としては最多に及んでいる（田口、二〇〇一：二七五）。とくに一九六〇年代にはその傾向が顕著であり、国内の安保闘争をはじめ、中国、韓国、ヴェトナムといった同時代のアジア諸国の動向に関しても積極的な発言を行っていたことが確認できる。この点について詳しくは、（大井、二〇一〇）を参照。
（2）『デモクラシーと国民国家』に収められた「国民国家の諸問題」（一九七六年）、「民主主義と国民国家」（一九七八年）、「民族問題の政治的文脈」（一九八八年）、「思想史の中の国家」（一九九七年）などの諸論文を指す。
（3）ここで福田は、政治思想の通史に時代区分を設けるうえで、G・H・セイバインの『政治理論史』（一九三七年）の構成から大きな示唆を受けたと断っている。これと同様の議論は『デモクラシーと国民国家』の諸論文にも確認できる（福田、二〇〇九：一〇一、一七二―一七三）。
（4）この点については、たとえば（加藤、二〇〇九：三二七―三二八、二〇一六：一五八）の整理を参照。
（5）一九六〇年の安保闘争は、「市民」という言葉が積極的・肯定的な意味を帯びて日本社会に定着していく時期と重なる。

しかし、当時の福田は「市民社会」という表現をできるだけ避け、あえて「国民社会」という呼び方をしていた。この点は、マルクス主義の影響が強かった戦後日本の社会科学において「市民」や「市民社会」といった言葉が独特のニュアンスをもって氾濫した事実とも深く関連している。こうした用語の氾濫は福田にとって非常に悩ましい事態であった（福田、二〇〇九：二四六―二四八）。福田を含む当時の知識人たちが「市民」という言葉をどう捉えていたかについては、（小熊、二〇〇二：五二三―五二七）を参照。

（6）同じく福田は『近代の政治思想』でも「批判の精神」を強調しており、「同じ原理を以て自己をも吟味すること」を結びの言葉としている（福田、一九七〇：一九八）。

（7）この点は『デモクラシーと国民国家』所収の諸論文でも繰り返し言及されている。たとえば、（福田、二〇〇九：七〇、一三〇―一三一、一六二―一六三）。

（8）この点は、『近代政治原理成立史序説』第二部「政治哲学としての社会契約説」の「ホッブスにおける人間理論の意味」と題された箇所にもはっきりと見受けられる（福田、一九九八b：二一八―二三七）。同様に福田は「ホッブスにおいて、その政治学の主著（『リヴァイアサン』）がほかならぬ認識論から書きおこされたことの意味」を強調している（同：二二〇）。なお、今回、紙幅の関係から福田のルソー論については扱えなかったが、このジュネーヴの哲学者の象徴・言語論もホッブズと並んで重要である。この点については（熊谷、二〇一三：三四九―三五一、三六八―三七三）の議論を参照。

（9）当時、未公刊だった同論文は後に「ホッブスにおける近代政治理論の形成」として『著作集』第一巻（福田、一九九八a）に収録されることになる。

（10）ここでは、とくに丸山眞男の論文「近世日本政治思想における「自然」と「作為」」（一九四一年）の影響が念頭に置かれている。同論文については（丸山、一九九六）を参照。また、福田の政治思想史研究が「純国産」のものではなく、その背後にF・テンニースやC・E・ヴォーンなど多数の外国文献の影響があったとする（犬塚、二〇一三）の指摘も参照。

第三章　「自由」概念の世俗化とその統一的把握
――有賀弘『宗教改革とドイツ政治思想』

越智秀明

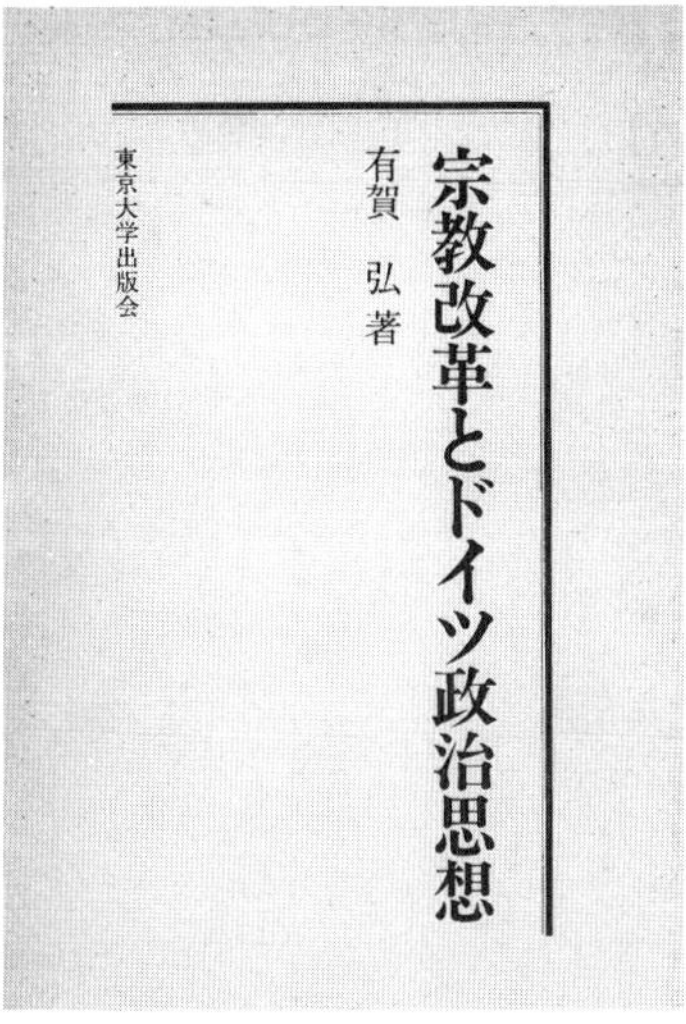

一　はじめに

「近代国家論の主要な概念はすべて神学的概念を世俗化したものである」（シュミット、二〇二四：六〇）。かつてドイツの公法学者カール・シュミットは『政治的神学』においてこのように自らの「世俗化テーゼ」を明らかにした。この「すべて」を文字どおり是認できるか否かは議論が分かれるだろう。「すべて」と書いたシュミット自身、「世俗化テーゼ」が「自由」や「平等」といった基本概念を射程に含んでいるかは疑わしい。彼の主要な関心は主権概念にあり、論証されるのは有神論から理神論、汎神論、無神論へという世俗化の過程に対応するように主権概念が変容していったことだからである。

しかし少なくとも「自由」概念に関して、とりわけ信教の自由や表現の自由をはじめとする「良心の自由」に端を発する諸概念に関しては、その近代的出発点がマルティン・ルターによるキリスト教神学に対する挑戦に見出されることは疑いないだろう。そうであるならば、諸々の「自由」概念の原理的理解は、とりもなおさずルタートゥム（ルター派神学）の展開をたどることを必要とする。

のちに東京大学社会科学研究所教授となる有賀弘（一九三四―二〇一三）[1]は、博士論文において、宗教改革から一八世紀までのドイツにおけるプロテスタンティズム、わけてもルタートゥムの展開を研究した。その博士論文を元にした作品が『宗教改革とドイツ政治思想』（以下、本書）、彼の出世作である。

本書が提示する思想課題に関して有賀は次のように書いている。「この時期〔一六世紀後半以降〕のドイツ・プロテスタンティズムの現実的態様を探ることは、ドイツにおいて伝統化し、また風土化していく精神構造を明らかにし、その政治的思惟の文脈をさぐるうえに不可欠の前提条件をなすであろう」（有賀、一九六六：三―四）。ここには、本書の中心課題が近代ドイツの政治思想を形成するに至った前提として、宗教改革以降の思想的展開を跡づけることであるという有賀の問題意識がみてとれる。そして実際、本書には宗教改革から一八世紀までのドイツにおける神学思想の展開が丹念に描き出されているし、行論において有賀は極めて禁欲的にその時代における問題状況と思想のみに焦点をあて、ドイツにおける近代化の思想的内実に迫る。本書の「はしがき」においても、「博士論文における主要な関心は、ドイツ・プロテスタンティズム、なかんずくルタートゥムの展開を、領邦教会制との関連から検討することによって、〈ドイツ的なもの〉ないしは〈ドイツ〉の思想史的特質の一側面に焦点を当てることにあった」と述べる（同：はしがき一）。

こうした関心の限定は、有賀自身が「はしがき」につづけて述べるように、本書を極めて専門的かつ難解なものにした。「第一章は専門的関心をお持ちの方以外に対しては、不親切きわまりないものとなり、この点は論文審査に際しても指摘された欠陥であった」。本書を書評した鷲見誠一も、これを難点として取り上げている。「本書は著者が断っている通り、すぐれて歴史的に傾斜しているため、歴史的知識を読者に前提として要求するものであり、尚又神学的知識も必要とされる。この為に本書の理解は容易ではない」（鷲見、一九六八：一三九）。

そうして鷲見は本書の意義を評して、つづけて次のように述べる。「しかし、このことは本書の学問的価値をなんら害ねるものではなく、アナーキィとの統合の関係、神学的教義と政治事象の相互作用を究明することにより、「政治思想としてのドイツ・プロテスタンティズム」の内在的論理の展開を美事に浮彫りしている。この観点からみれば、宗教改革期政治思想研究としては本書は初めてのものであり、政治思想研究一般においても本書の方法は単なる理念史に終わっていない点で秀れたものといえよう」。

実際本書の叙述は丹念かつ詳細であり、宗教改革以降のドイツ政治思想の理解を深めるものである。しかるに、本書の意義は果たして単に宗教改革期政治思想研究にとどまるものであろうか。著者の禁欲的論述とその難解さに埋もれている、より野心的な試みとしてとらえられないか。

本章冒頭でシュミットを引用したのは、ゆえなしではない。有賀は多くの著作においてシュミットの著作を度々引用しており、同時代人であるシュミットの業績に対する深い関心と理解を有している。そこで「世俗化テーゼ」に立ち至る。すなわち、「世俗化テーゼ」を「自由」概念に拡張すること、純粋に宗教的・神学的な概念であった「自由」概念が現実の諸状況に翻弄されるなかで政治的・制度的な概念へと世俗化したと示すこと、そしてそれこそがドイツ政治思想の「近代」の端緒であることを示すことが、本書に込められた野心だったのではないか。

本書の直後に書かれた有賀の次の一文は、彼が同時期に世俗化テーゼを念頭に置いていたことを推察させる。「近代社会における基本的人権の観念の根幹をなす、いわゆる自由権について、その歴史的由来をたどってみると、そのほとんどが信仰の自由ないし宗教的自由の問題に源流を発していることは明らかであろう」(有賀、一九六九：五)。

本書においても、その痕跡が残っている。本書には「補章」として修士論文を改稿した『思想』発表論文が転載されており、有賀は「第一章と補章との間には、かなりの分量の重複と繰返しがみられる」(有賀、一九六六：はしがき一)と書いているが、第一章に現れない内容として〈自然〉と〈作為〉をめぐる議論があり、これは、丸山眞男の議論を援用したものである。有賀が多くを学んだ丸山眞男は論文「近世日本政治思想における「自然」と「作為」」において「世俗化テーゼ」を日本政治思想に適用し、「朱子学から徂徠学にかけて見られる作為の論理の発展が、西欧の宗教改革と絶対主義に見られる神の超越化と世俗化に二重に対応すると指摘」しているが(権左、二〇二四：一二九)、有賀は本書において丸山のこの〈自然〉と〈作為〉の議論をドイツ・プロテスタンティズムの展開に援用したのである(有賀、一九六六：二八〇)[2]。

「自由」をいかにして定位するかが著者の最大の関心事であったことは、その後の彼の仕事を見るとさらに明らかになる。本書を書評した鷲見は、「本書を読了して憶測する限りでは、著者には今後、ドイツ政治思想の後の発展を究明するか、或いは又、カルヴィニズムの政治思想を研究するかの二つの道が与えられているように思える」(鷲見、一九六八：一四三)と書いた。本書冒頭にある「ドイツ・プロテスタンティズムの現実的態様を探る」という問題意識をそのとおり受け取れば、鷲見の想定は至極当然である。しかし有賀はそのいずれの道にも進まなかった。それどころか、かなり後になって書かれた「アメリカ社会の発展と宗教——信仰再興運動を手掛りに」(有賀弘、一九八二)においても、アメリカ的プロテスタンティズムが社会の劇的な変化によっていかなる変容を被ったかが論じられる。[3]

つまり有賀が一貫して取り組みつづけたのは、現実的政治状況によって宗教的思考がいかに変容していったかであった。

したがって本書においても、主要な関心は「ドイツにおける政治状況による宗教的概念の世俗化」ではなく、「〔ドイツにおける〕政治状況による宗教的概念の世俗化」であり、その中心に据えられる「自由」概念の再検討であった。つまり本書は、冒頭に語られる目的とは異なり、「自由」概念を検討するにあたり歴史的出発点であるルター神学、その継承者およびその対抗者の神学の展開と変容をたどるものであり、つまり「自由」概念を歴史的に再構成することを目指していると考えられる。その意味で、「世俗化テーゼ」を「自由」概念へと拡張する試みだと言えよう。

二　現代における「自由」の変容

有賀が本書において試みた「世俗化テーゼ」の自由概念への拡張の結果、「自由」概念はいかなるかたちで再構成されたのか。それをさらに検討するために、まずは「補章」に展開される、到達点である現代における「自由」概念に対する著者の理解を見ていきたい。とくに重要な箇所を引用する。

> 十九世紀後半から二十世紀にかけての自由主義と議会主義、さらには議会主義と民主主義との一体化は、自由の問題を政治的自由、すなわちアングロ・サクソン流の経験論に裏打ちされた民主主義、議会主義の問題として展開されることになった。このような状況下にあっては政教分離

が原則であり、政治は現実生活における肉体的条件の問題として理解されるとともに、社会生活の規範は〈実定法〉に求められる。そして、〈信仰の自由〉は宗教を政治的妥協のレベルに引き下げることによって、人間の内面精神を巨大な機構の下に無力化し、〈宗教的寛容〉の背後にひそんだ独立不羈の魂をさえ形骸化してしまった。けだし〈思想の自由〉、〈学問の自由〉の問題さえもが、社会全体の物質的繁栄、さらには物質的な進歩発展との関連においてしか語られず、認められない事態が出現したのである。しかし、この政治的自由の主張の展開が問題を含むことは、第二次世界大戦後の経験が示すとおりである。

イギリス政治体制の安定が、その経済的先進性の上にのみ保証されたものであったことは明らかであり、そこでの政治的自由とはついに経済的・政治的優越者の自由に留まった。また自由の旗手を自認するアメリカは、その内部に人種問題を含むことは問わないとしても、政治的自由の主張の発展として展開された共産主義思想をさえ単なる全体主義と誤認し、もっぱらそれへの反感をふくらませることによって、冷戦下にあっては自覚化された目標をもたない〈愛国主義〉の名のもとに、その守るべき対象であるはずの自由をまったく形骸化し、単なるスローガンにすぎないものとしてしまっている。そして、スローガン化された自由の主張は、人間存在すべてを含み込んだ〈全体主義〉への傾斜を強めることとならざるをえない。けだし自由とは個性的存在を社会的に容認することにほかならず、自由の要求そのものさえもが個性的であるはずだからである。しかも、この傾向はアメリカだけのものではない。

（有賀、一九六六：二八四）

この箇所の前後に示されるのは、以下の「自由」理解である。そもそも検討に値する「自由」とは、単に「何からも制約されない」というものではない（同：二七九）。したがって国家・共同体からいかに解放されているかということではなく、それらといかなる関わり方をするかこそが本質である。そもそも内面的自由が外的な行動原理として主張される際には、社会的現実と衝突せざるを得ない。そこでなお内面的自由に従うことを望む限り、社会的な規範が内面的自由に則ったものであることが要求され、したがって政治的自由の主張として現れることになる。そうして本来宗教的個人主義の端的な現れであった内面的自由は、ルタートゥムにおいては cujus regio, ejus religio（被治者の宗教は統治者の宗教たるべし）の原則にもとづく領邦君主制の確立へと棹を差した。

ところが内面的自由は、それが内面的である限り客観的把握は困難であり、そのために政治的自由の主張に転化する際に、現実に存在する行動規範を内部に取り込んでしまう。そうして自己と他者の区別という「個人の思考の自由としての内面的自由」へと宗教的個人主義が拡張されるに際して、現世における政治的・社会的自由に対する無関心が生まれていった。それにより国家・共同体の権力が強大化するにつれ、権力の提示する規範と内面的自由から発する本来の「生活・生存の自由としての政治的自由」とが衝突する事態となる。そうして宗教的個人主義にもとづく内面的自由が「信仰の自由」へと縮減され、それが政治的妥協、つまり権力による便宜的配慮だと理解されるようになり、外面的行動規範として現実化する際に本来の個人主義的価値を失い、自己統治という異なる原理に導かれた社会規範に回収される。それにより、その他の自由は社会規範の観点からのみ語られる、すなわち権力（社会全体）にとって望ましいかどうかが自由のメルクマールとされた。

これは「自由」が、個性的な存在である個々の存在者が自らの望む生のあり方という、内面の自由に発する行動原理の主張と根本的に反するものとなったことを意味する。かように、スローガン化した「自由」はもはや本来の自由を支えるどころか抑圧するものとしてさえ機能する。端的に言えば、既存の行動規範を作り上げている権力によって政治的自由が形作られることになり、「その担い手がいったん自らを自由であると確信した場合には、それはただちに形骸化し、連帯の名によって個人の内面に圧力を加えることとなる」（同：二八五―二八六）のである。

以上のごとく変容を被った「自由」が本来の姿を取り戻すために必要だと有賀が考えたのが、「内面的自由と政治的自由の統一的把握」である（同：二八五―二八六）。内面的自由と政治的自由とが袂を分つことになるのは、現実の権力（関係）の生み出す現実の状況ゆえであるから、「所与の状況を所与として認識し」、「共同体的な思考に表現される状況的拘束を明確に認識したうえで、個人の意思の現実的な実現をはかる」ことが必要であると言う。

とはいえ、この記述だけでは抽象的にすぎて実際問題として何が求められるのかが判然としない。さらなる検討の手がかりとなるのが、有賀が指摘するこのシナリオに対する現代固有の問題点、すなわち現代においては「共同体的な思考」が崩壊しているということである。

有賀いわく、共同体的な思考をもち、自由が現実状況とのあいだにもつ緊張関係を自覚することなしには、自由の概念は現実状況のもつ暴力性に簡単に流されてしまう。そのために現代における「自由」は、一方でスローガン化して全体主義へと傾斜するか、他方であらゆる政治的共同体から離脱するアナーキーへ傾斜するか、いずれかへと突き進んでしまう。

したがって必要なのは共同体的な思考である。ただここで有賀が念頭に置いている共同体とは、その検討を通じて以上の認識をもつに至ったところの、ルタートゥムの生み出した領邦国家であり、有賀とてそれを無媒介に現実化することを求めるわけではない。実際有賀がここで提示するのは、社会契約論における契約の観念の現実化である。「自由が〈個人の自由〉と考えられるかぎり、社会契約説に示された個人と社会の関係は根本的な再検討を要求しているし、自由の実現のためには、理念として提出された契約の観念を現実化する途がさぐられなければならないだろう」(同：二八六)。ただし、その後有賀がこの途を探ることはなかった。とすれば、有賀の考えた「共同体的な思考」がいかなるものなのかを検討するためには、有賀が描き出すドイツ領邦国家のもった自由を保障する特徴を探るほかないだろう。

三　領邦国家と「共同体的な思考」

有賀は本書冒頭において、「仮説的結論」と断りながらも、「ルタートゥムに基礎を置いた領邦国家体制の枠組み」を以下のようにまとめている。

ルタートゥムは、後に検討するところであるが、原理的にはアナーキィへの指向をもち、それゆえに既存の秩序を〈神の秩序〉として全面的に肯定する思考を生み出すことになった。その結果、〈信仰のみ sola fide〉の観念を媒介として中世的普遍社会から精神的に自律化した〈個人〉は、まさにその改革思想のゆえに、〈神の秩序〉としての制度に再び包含されることになったと考えられる。したがって、もしこの〈制度〉が神学的に弁証され、しかもその内に〈個人〉を自発的に取り込むことができるとすれば、少なくとも思想的には、そこにはスタティックな安定が保障されることになる。〈個人〉と〈制度〉との間の緊張関係は当然に予想されるところではあるが、ルタートゥムの拘束を前提とするかぎり、それは〈精神的自由〉ないし〈良心の自由〉の問題として処理しうるのであり、〈強制〉の契機がその実態を暴露して表面化することはない。そして、中世的伝統の上に特権的に形成され、近代〈統一〉国家形成の阻止要因となる、ラントシュテンデ制と領主制は、このような安定の中に温存されたといえるであろう。

（有賀、一九六六：四－五。傍点引用者）

この引用で傍点を付した箇所がわれわれの問題とするところであり、これを考える鍵が「領民のコンフォーミティ」（同：一八五）である。前提として、そこに至る有賀の理路を追っておこう。そもそも「信仰のみ」を基準とするルター神学においては、すべてのキリスト者は普遍的な存在であらざるを得ず、したがって原理的にアナーキーの理論が提示される。これに対してルターがかけられる歯止めは、彼が有していた伝統的に形成された保守的な秩序観のみであり、その秩序観が所与のものでなくなればアナーキーが現実化する（同：二一二）。

アナーキーへのモメントを克服して理論的に集団としての秩序を支えたのは、メランヒトンである。

メランヒトンの重要性を強調することが本書の特徴のひとつであるが、有賀によればメランヒトンとルターの決定的差異は、現世における人間の位置の理解にあった。ルターは――完全に内面の信仰のみを追求したスピリチュアリストとは異なり――内面の信仰と外的な徴しとのあいだに、後者を媒介して前者に至るという仕方で一定のつながりを見出していたものの、なおも信仰は内面のものとされ、したがって究極的には歴史状況から切り離された普遍的な人間像が前提されていた。その結果倫理は人々の内から生じるものとなる。対してメランヒトンにおいては、信仰には神の赦しを得るための手段としての地位のみが与えられ、外的な倫理は外的世界に求められることになる。そのことは、人間は歴史状況を拘束的な所与としてのみ存在しうるという人間像へと引き戻すことを意味した（同：一〇五―一〇六）。こうして人間は状況によって拘束されるべき存在と考えられ、新たな信仰共同体、すなわち領邦教会制の成立へとつながる。

人間を状況拘束的な存在と考えるメランヒトンにとって、社会倫理を徹底的に遵守する共同体を作るという、実際的な目的が極めて重要であった。しかし実際的な途を進むがゆえに超越的な存在を括弧に入れた彼の神学理論にもとづいた場合、人々に求めることができるのは服従のみであるから、社会倫理の内実は究極的に政治権力にすべて委ねられることになる（同：一一二）。こうして領邦教会が領邦国家と接近するモメントが生じた。

領邦国家にとっても、その統治を安定化させるために必要としたのが領邦教会である。そこで必要とされたのが、「領邦君主の側が信条的一貫性を保ち、それによって領邦内部に思想的・文化的画一性を作り出し、領民のコンフォーミティを調達していくことだった」（同：一八五。傍点引用者）。

以上のように有賀は、領邦国家における領民のコンフォーミティ、すなわち領民たちが一体的なものとして自己を理解する道筋を論じている。かくして領邦君主が信条において一貫することによって領邦の一体性が確保されることで、自由がアナーキーへ暴走することが妨げられる。

ただ、この途をたどった多くの領邦国家においては、メランヒトンの構想したとおり、政治権力と宗教的権力の癒着が進んだ結果として領邦君主の権力が強大になっていく。これは強大な政治権力が一貫して領民に服従を迫ることを意味し、「自発的」ではありえない。

対してマルク・ブランデンブルクとプロイセンはその途に進まなかった。マルク・ブランデンブルクにおいては、「領邦教会制の制度的確立をはかった選挙侯ヨハン・ゲオルグ Johann Georg の一時期を別とすれば、一貫して領内にはかなりの程度にまで宗教的自由が認められていた。〔…〕政治権力と宗教との関係は完全に癒着してはおらず、そこにかなりの距離がみられるのである。〔…〕政治制度としての領邦教会制が十分に活用されることによって、君主の側は領民の末端までいちおう把握しながら、しかも教会と君主との距離が保たれていることとの結果、領民との関係においては相対的な自由が確保されることとなった。そして、君主の側では宗教に依存するのではなく、それを政治的目的のために操作することが可能になった」(同：一八六―一八七)。

領民の相対的な自由を確保するこの原理を、有賀は、主にカルヴィニズムから主張された純粋に宗教的な「〈下からの〉寛容」と区別して、「〈上からの〉寛容」と呼ぶ。これは「信仰をあくまで個人の問題として理解し、個人のうちに閉じ込めることによって実現したものであった。君主は信仰者の集合としての〈教会〉を、あくまでも領邦教会としてみずからの支配下に置き、したがってそれに一定の枠付けを与えながら、個人の信仰の自由は認め、またどの教会を選択するかの自由をも認めることによって、寛容を保証していったのである。すなわち、そこでは個人の信仰の多様性とその自発的な結合を認めるのではなくて、〈教会〉の多様性を認めることによって、個々人をいくつかの枠組みの中に自発的に従属させていったともいえるであろう。〈良心の自由〉はいわば〈教会の自由〉に置きかえられた」のである（同：二〇八―二〇九。傍点引用者）。これがブランデンブルク・プロイセンにおける宗教的自由であり、また領民を「自発的に」共同体へ取り込む手立てである。

有賀も指摘するように、信仰者集団としての教会と区別され、個人の信仰から切り離された宗派としての教会の観念を手段として利用していくという意識が、その後教会を完全に統治の手段として捉える集権国家への脱皮に寄与したことは言うまでもない。ところが、他方で領民の側から見れば、自由に自らの信仰を選び取ることが許されていながらも、しかし個々人の行動規範は信仰内部から生まれるものではなく国家権力によって統制された教会制度から与えられた規範を内面化することになる。すなわち既存の秩序によって枠付けされた外的な規範を、自らの選択にもとづいて内面化し、それを実行する。これが「自発的」な共同体への参加であり、自由を統一的に把握するための共同体的な思考の鍵なのである。

四　おわりに

有賀はその叙述において非常に禁欲的であり、その後の論文においても現代的意義を論じることは慎んでいる。例外的に本書の補章にその断片が垣間見られるのは、修士論文という若書きゆえか、あるいは『思想』掲載論文という性格ゆえか。いずれにせよ、ここに有賀のその後の研究にまで通底する問題意識をみてとることは越権行為ではないだろう。

文献

有賀弘、一九六六、『宗教改革とドイツ政治思想』東京大学出版会

有賀弘、一九六九、「宗教的寛容——信仰の自由の思想史的背景」（『基本的人権　５各論Ⅱ』東京大学出版会、所収）

有賀弘、一九七九、「戦間期ドイツの大衆と運動——『わが闘争』を手掛かりに」（東京大学社会科学研究所「ファシズムと民主主義」研究会編『ファシズム期の国家と社会６　運動と抵抗　上』東京大学出版会、所収）

有賀弘、一九八〇、「保守派からの抵抗——ドイツ福音主義教会を中心に」（東京大学社会科学研究所「ファシズムと民主主義」研究会編『ファシズム期の国家と社会８　運動と抵抗　下』東京大学出版会、所収）

有賀弘、一九八二、「アメリカ社会の発展と宗教——信仰再興運動を手掛りに」（阿部斉・有賀弘・本間長世・五十嵐武士編『世紀転換期のアメリカ』東京大学出版会、所収）

シュミット、カール、二〇二四、『政治的神学——主権論四章』権左武志訳、岩波文庫（C. Schmitt, *Politische Theologie, Vier Kapitel zur Lehre von der Souveränität.* 1922）。

権左武志、二〇二四、「訳者解説」（（シュミット、二〇二四）所収）

鷲見誠一、一九六八、「有賀弘著『宗教改革とドイツ政治思想』」『法学研究』Vol.41, No.2

註

（1）一九五六年東京大学法学部卒業後、一九六五年同大学院法学政治学研究科修了（指導教官：福田歓一）、一九六六年からの法政大学助教授を経て、一九六八年より東京大学社会科学研究所助教授、同教授（一九七七―一九九三）。その後一九九四年に発足した政治思想学会の初代代表理事に就任。晩年に至るまで宗教的寛容と信教の自由を主な研究課題とした。

（2）ただし、ドイツ・プロテスタンティズムにおける〈自然〉と〈作為〉の関係性については、有賀は単なる二分法を採用せず、〈自然〉から〈作為〉への流れのなかで〈自然に向かう作為〉の契機を重要視している（有賀、一九六六：二八〇）。その意味で単線的な世俗化の議論ではなく、はるかに複雑な展開を描き出したといえよう。そしてそこには、有賀が何度も強調するように、歴史状況が極めて大きく影響したというドイツ・プロテスタンティズムの展開の状況規定性が関わっている。

（3）もっとも「戦間期ドイツの大衆と運動」（有賀、一九七九）においては、「自由」概念に焦点はなく、本書の射程より後の時代におけるドイツ・プロテスタンティズムの展開を論じている。

第四章　自由主義と政治主体の確立——田中治男『フランス自由主義の生成と展開』

古城毅

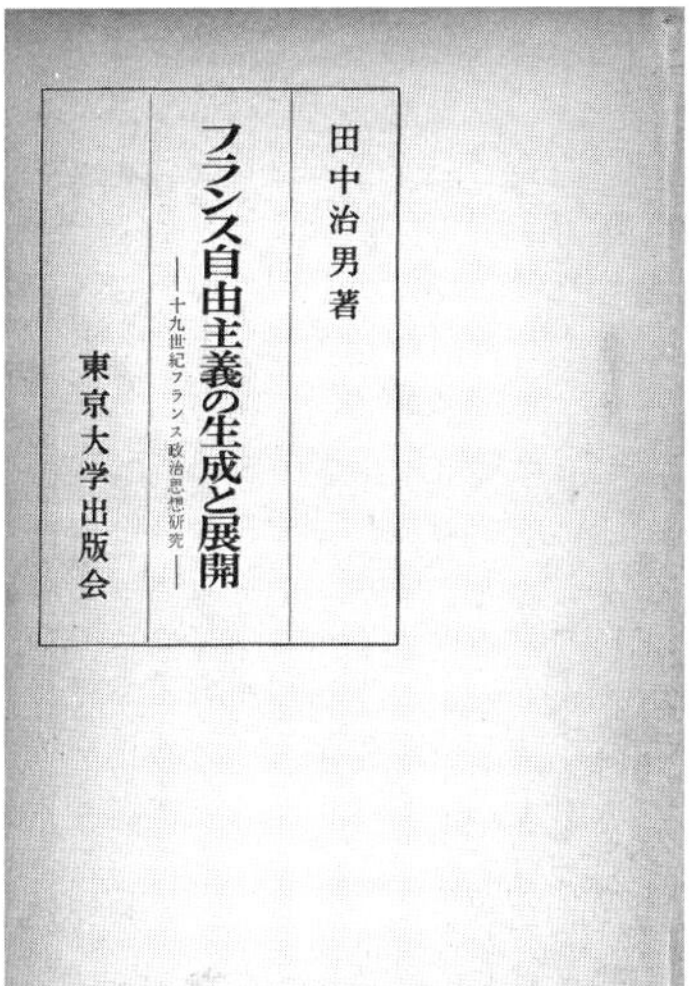

一　はじめに

『フランス自由主義の生成と展開』（一九七〇年）はフランス革命から一九世紀半ばのフランスで活躍した代表的な政治家かつ思想家たち――コンスタン、ギゾー、そしてトクヴィル――を、政治家としての彼らの活動も含めて詳細に描いた作品である。メストルら保守反動主義者やフーリエら社会主義者との関係も視野に収めており、一九世紀前半のフランス政治思想の全体像をとらえた名著である。(1)

本書では、一七世紀のホッブズ、ロック、そして一八世紀のルソーの展開した社会契約論――個人がその自然権に依拠して所与の秩序を解体し、主体的に政治社会を形成していくという理論――が、フランス革命の人権宣言を最後に形骸化し、一九世紀フランスにおいて急速にブルジョアジー権力を正当化するイデオロギーと化していく過程が検討されている。(2) なぜ著者はこのようなテーマを設定したのだろうか。

一九世紀自由主義の継承者たる現代の自由民主主義は、第二次大戦後、社会主義に対抗するイデオロギーと化している（田中、一九七〇：一九〇）。また、社会契約論の伝統に連なる日本国憲法は、国民の主体的な政治関与によって支えられていくべきところ、単に諸権利を保障する法として受容されているにすぎない（田中、一九七〇：一九三）。そう考える著者は、社会契約論のイデオロギー化の古

典的ケースを検討することによって、自由な政治主体の再建条件を探ろうとした。(3)

以下、まず本書のフランス自由主義批判を簡潔に紹介したうえで、つぎに部分的に評価されているトクヴィル政治学の意義について考え、最後にフランス自由主義を再評価する可能性について考えたい。

二　作品紹介

第一章では、旧体制からフランス革命、さらにはナポレオンの支配に至るフランス史の思想的概観が示される。ルイ一四世の長い治世の終焉とともに、一八世紀フランスでは王権神授説のイデオロギーは機能しなくなり、イギリスの影響を受けた啓蒙思想が普及していった。しかし、フランスのフィロゾーフたちは、イギリスの立憲体制を基礎づけていた市民の主体的エネルギーを理解することができなかった。そのなかでルソーのみが、文明社会の非人間性を告発し、一七世紀イギリスの社会契約論を先鋭化させた人民主権論を唱えた。

ルソーの人民主権論はフランス革命に大きな影響を与えたが、人民主権の現実化を目指し、男子普通選挙や平等化政策を推進しようとするジャコバン主義と、代議制のもとで参政権をブルジョアジーに限定しようとする勢力が対立した。ジャコバン派支配を終わらせたテルミドール・クーデタ（一七九四年）の後は、ブルジョアジーの権益を守ることが最優先され、最終的には代議制すら形骸化してナポレオンの独裁（一七九九―一八一四）が確立された。

第二章ではフランス自由主義の出発点として、激烈なナポレオン批判で知られる、政治家・思想家

バンジャマン・コンスタンの思想が検討される。(4)

著者はコンスタンの思想を三つの観点から検討する。まずはルソーへの態度、つぎにその自由論の心情性・非哲学的性格、さいごに政治機構論への偏重である。

コンスタンは心情的にはルソーを敬愛していた。革命前の不平等な社会に対して全面的に批判的であったコンスタンにとって、ルソーは公正な社会の確立へと人々を鼓舞した思想家であった。しかし、彼にとってルソーは新しい社会を建設するための適切な方途を示せなかった。ルソーの人民主権論は、市民が直接公共広場に集い、政治的決定を行った古典古代の都市国家においては機能する。だが、大国、商業の発展という近代ヨーロッパの条件を直視すれば、それはもはや実現不可能である。今日、実現可能な自由は、代議制のもとで保障されるところの、思想・信条の自由、恣意からの自由、経済活動の自由などである。もし代議制のもとで人民主権論になお意義があるとすれば、それは「人民」が、何者によっても僭称されてはならないと考える場合のみである（ここで僭称者として念頭に置かれているのは、ジャコバン派とナポレオンである）。具体的には、自由な公論のもとで、人民の意志・利益は何であるかが自由に議論される状態が保たれ、その帰結として恣意的権力が予防される場合のみ、人民主権は実現される。(5)

このような理論構成においては当然、恣意的権力を予防する権力分立・政治機構の確立が最重要の課題となる。その点はつぎに見るとして、まずここでは以上のようなコンスタンの自由論に対する著者の評価を確認しよう。著者は政治家コンスタンが自由のために一貫して闘ったことを認めるものの、彼の奉じる自由論の脆弱性を指摘する。宗教的権威からの解放の裏面としての内面的不安定を自由ととらえ、その不安定性を行動主義によって補おうとするコンスタンのロマン主義的自由は、「かつてカルヴィニズムの影響下に成立しえた、規範的人間像を根拠に展開されえた道徳哲学や政治哲学、あるいはルター派ピエティスムスの伝統の中で内面的自律を得た人間観と社会観を構成しえた同時代のドイツ哲学にあった可能性」(田中、一九七〇:二九)を奪われていた。そのため、「自由にして自律的な主体を原理として政治的共同体を構想し、またこれを根拠として既存の体制を全面的に批判しうる思想的態度は保たれず、逆に、全ての保障を制度化されたもののうちに求めることによって、内面的にあらゆる平俗化の危険を含めたイデオロギーとしての自由主義しか成立しなかった」(田中、一九七〇:三四)。

コンスタンの政治機構論は、ロックが、イギリス内乱期のピューリタンのエネルギーが鎮静化したあとに打ち立てた自由主義的な政治機構論の伝統に連なり、イギリスの立憲王政を模したものである。ただし、それは中立王権という独自の要をもっていた。先述したように人民主権が簒奪されないためには、公論の自由が保たれ、かつそれを保障するための政治機構・権力分立がうまく機能しなければならない。しかしフランス革命期には、議会による専制(ジャコバン)と、執行権への議会の隷属(ナポレオン)が生じた。したがって、両権力の対立や癒着を予防する権力が必要であり、それが中立王権である。そう考えるコンスタンは、議会が首相の指名権をもつことも認めない。他方で、君主が必要に応じて首相を罷免することを求める。イギリス立憲王政とは異なり、中立王権の積極的な介入によってのみ、権力分立は保たれると考えるのである。

しかし、著者はこのような政治機構論に懐疑的である。ナポレオンの失脚後に成立した復古王政

（一八一四―一八三〇）の初期、議会多数派となった極右王党派（ユルトラ）が、首相は議会の意向に沿って選ばれるべきと主張した例、国王シャルル十世が自ら保守反動を推進した例、中立王権と類似する大統領を有したワイマール共和国が機能不全に陥った例などを挙げながら、著者は、政治主体としての自覚に乏しい人々を政治機構によって守るというコンスタンの政治構想の脆さを指摘する。

第三章では、コンスタンの次の世代に属し、歴史家であると同時に七月王政期（一八三〇―一八四八）に何度も閣僚を務めた有力政治家であったフランソワ・ギゾーの思想が検討される。コンスタンはその近代商業社会論が示すように実質的にはブルジョアジーを支えたが、しかし、いまだ抽象的個人の自由論を展開していた。これと比較して、歴史家ギゾーは、ブルジョアジー＝中間階級が代議制のもとで権力を握ることが歴史的必然であると主張した。そして大事なのは、権力への抵抗・自由を論ずることではなく、権力を効果的に組織化し、社会を繁栄に導くことであるとする。復古王政から七月王政への移行は、こうした権威と自由の活動的調和の完成としてとらえられる。

ギゾーにとってフランス革命は以下の三つの誤りを奉じていた。ひとつは、人は己が同意を与えた法律にのみ服従義務を負うという誤りであり、これは秩序の破壊を生む。つぎに、多数派が権力の正統性の基盤であるという誤りであり、これは自由の破壊、多数者の専制を生む。さいごに、人間はすべて平等であるという誤りであり、これは人々の自由な発展を阻害し、社会を停滞させる。

以上の考えにもとづき、ギゾーは選挙権の拡大に断固反対し、約二〇万人に限定された政治的中間階級に政治を委ねるよう主張する。自由な秩序が確保されている社会では、民衆は、特権階級からの権利侵害に脅かされていたかつての社会とは異なり、政治参加を通じて己の諸権利を守る必要はない。

家族、私生活の安全を保障されるなか、ただ労働に勤しめばよい。「デモクラシー〔民衆〕の私的世界における繁栄と、本来的な政治階級としてのアリストクラシー〔中間階級〕の複合体としての今日の文明は、現代国家の偉大さを示すものである」（田中、一九七〇：一〇一）。

個人の自由の擁護を核としたコンスタンの自由主義から、ブルジョアジー＝中間階級に権力を与え、民衆の政治的主体性を明確に否定したギゾーの自由主義への移行はなぜ生じたのだろうか。著者によれば、それは単に現実社会においてブルジョアジーの実力が増大したためではなく、コンスタンの自由主義が、民衆も視野に入れた政治的主体に関する政治哲学を欠いたためである。

第四章では本書の真打アレクシ・ド・トクヴィルが登場する。彼は、上述のようなフランス自由主義の体制化、ブルジョアジー・イデオロギー化を批判する「新しいリベラル」である。貴族階級の出身で、七月王政発足直後にアメリカ合衆国に渡り、彼の地のデモクラシーに触れたトクヴィルは、ギゾーとは対照的に、デモクラシー（民衆が政治参加する社会）こそ歴史の必然であると考える。そのうえで、デモクラシーの長所——独立性に富み、社会経済活動に積極的に参加する人々の創出——と、短所——私的・物質的関心に捕らわれ、社会的連帯を失った、弱い個人を生み出す傾向——を見据えて、短所を矯正しながら、フランスにデモクラシーを定着させていく方法を考えた。ブルジョア社会を所与とせず、比較政治史的な方法に依拠して、デモクラシーの容認、およびその矯正という作為の視点をもてた点に、著者はトクヴィル政治学の価値を認める。

しかし、著者はトクヴィルのなかに保守派としてのイデオロギー性もみてとる。トクヴィルはアメリカ合衆国の諸制度——上院、法曹制度、地方自治、結社など——や、それを補完する宗教や慣習、さらには、開かれたアリストクラシーが存続しているイギリス社会に注目する。しかし、他国の制度や慣習を、フランスに移植する困難に直面する。移植を担うべき政治指導者階層をどこに見出すか、自由を支える慣習を教育や宗教を通じてどのように定着させるか、といった困難である。けだし、トクヴィル曰く、デモクラシー的人間の行動原理である「正しく理解された利益」は、教育・宗教・慣習などを上から押し付けないかぎり、自由な政治社会を支える原理として機能しえない（田中、一九七〇：一七六―一七七）[6]。

さらに著者は、トクヴィルの民衆不信にも言及する。七月王政期から二月革命（一八四八年）にかけて強まった選挙権拡大や労働権を要求する運動を、政治家トクヴィルは、国家に期待して物質的成果を求める運動、自由を脅かす運動と批判した。しかし、政治的自由の再生という彼の観点からすれば、「政治的権利を、それを実質的に支える社会的権利とともに要求してきたプロレタリアートとの運動が有する、新鮮な政治的意欲」（田中、一九七〇：一四二）は肯定するべきではなかったか。それに失敗したことで、彼は第二帝政（一八五二―一八七〇）に屈服した保守派のなかに埋没し、一九世紀後半以降長く忘却されることにつながったと著者は批判する。

つまり、トクヴィルは、ブルジョア・イデオロギーを批判し、デモクラシーと政治主体の問題を直視し、作為による政治社会の改革を主張した点で評価される一方で、政治主体を支える功利主義的人間観と、そこから帰結するパターナリズムとを有していた点で批判される。

三　作品考察

一九世紀フランス自由主義に向けられた本書の視線は、以上のように大変厳しい。ナポレオンの専制への抵抗として生まれた思想は、自由な政治主体を生み出す社会契約論的な観点を欠いたために、半世紀を経ずに体制イデオロギーと化してエネルギーを失い、第二帝政に屈することになった。

しかし読者として戸惑うのは、以上のような厳しい評価が、いかなる意味において、現代の自由民主主義の再検討、および新たな政治哲学の確立という本書の目的につながって行くのかということであろう。そこで以下では、まず著者によって限定的ながら評価されているトクヴィルについて考える。つぎに、著者から厳しく批判される一九世紀前半のフランス自由主義を再評価する可能性について論じたい。

トクヴィルには社会契約論のように政治主体を支える議論が欠けているが、政治主体の連帯に関する見通しはあるというのが著者の評価である。本書の結びにおいて著者はトクヴィルの自発的結社論を念頭において次のように述べる。「高度組織化」が進む現代世界においては個人が独立性と自由を自覚するだけでなく、そうした個人が自発的結社を作っていく努力が、たとえいかに困難であろうと、いっそう必要となっている（田中、一九七〇：一九二）。

しかし、自律的政治主体に関する哲学の不在という問題にどう対処すればよいのだろうか。視点を変えるために現在日本のトクヴィル研究を牽引する宇野重規の議論を参照したい。宇野のフランス自由主義像は、田中と基本的に同じである。(7) 異なるのは、政治哲学・社会契約論の観点からトクヴィルの英米のイデオロギー性を批判するという田中の視点がみられないことである。宇野も、トクヴィルの英米観がフランス人的な偏りを有すること、自由な政治社会と「正しく理解された利益」論とのあいだに緊張関係があること、トクヴィルに慣習や宗教を強調する保守的側面があることに触れている[8]。しかし、宇野はそれらを欠点として強調するわけではなく、またそれらの原因が自律的政治主体についての哲学の欠如のためだとも述べない。むしろ、トクヴィルが社会契約論的な発想に対して違和感を抱いていたことを示唆する。すなわち、トクヴィルはホッブズやルソーらが属する「政治哲学」の伝統ではなく、むしろ、時と場所の異なる複数の社会の比較考察を通じて、社会内の対立を具体的に解決していくという「政治史的な伝統」――マキアヴェッリやモンテスキューを先達とする伝統――に連なっていたとする（宇野、一九九八：三三―三四、一〇四―一一五）[9]。

とすれば、自律的な政治主体の創出に先立って、比較政治史的観点から、日本の具体的状況に即して、自発的結社の活性化を模索していくことが、隘路を脱する道となるのだろうか[10]。とはいえ、歴史的にも政治社会的にも欧米とは大きく異なる日本において、トクヴィルの政治学を活かすという試みは、英米の知見をフランスに活かそうとしたトクヴィルの営為よりもはるかに大きな困難に直面するだろう。活かすべきこちら側に、政治的主体性が育っていないとするなら、困難はさらに増すのではないか。

つづいて、社会契約論的思考の衰えが、一九世紀フランス自由主義の挫折を招いたという著書の理解を検討したい。一九世紀フランス自由主義には、いまだ十分に活かされていない別の遺産があるとも考えられるからである。

ルソーの社会契約論と現実社会とのあいだの深い溝を架橋する方法として、フランス革命以降、主体的な市民を育成するための様々な理論が現れ、そのいくつかは政策化された。しかし、それらの多くは上からの強制を本質とするものであり、非政治的な自由論はその反動として現れてきたものである。しかしながら、この時期の政治構想は決してこれに尽きるものではない。

フランス革命前から王政の改革を唱えていたコンドルセは、革命の展開に伴い、啓蒙された有産者を母体とするかつての自分の政治社会論を乗り越えて、男女普通選挙制度、分権的で市民の実質的政治参加を可能な限り保障する政治機構、市民の判断力育成を目的とする民主的な教育システムなど、包括的な新しい政治社会構想を示した[11]。

コンドルセの継承者を自認するコンスタンもそうである[12]。フランス革命期前、コンスタンの思想的課題は、宗教的信念が衰えた一八世紀においてどうやって専制政治を阻むかであった。彼は正しく理解された利己心が自由な政治主体の道徳原理となりうるとは考えず、商業社会の発展が自由を保障するとは信じなかった。革命政治のなかで、彼は旧体制を擁護するバークを激烈に批判する一方、カントの倫理学が政治主体の哲学として不十分であることを指摘し、新しい共和政を支える、強靭な知性を持つ政治的市民層の育成を提唱した。

その試みは共和政エリート層への過度の期待にもとづいており、ナポレオンの独裁の成立によって挫折したが、その後のコンスタンは、著者が解釈するように、心情的自由論と、政治的主体を欠いた政治機構論と商業社会とに解決策を見出したわけではない。ナポレオンの独裁に有効に抵抗できない状況下で、コンスタンはトクヴィルに先立って抵抗運動の基盤となる結社、宗派、陪審制などの役割について考え、さらに、デモクラシーと商業が、人々を弱く孤立させるという認識に立ちながら、抵抗精神をもてる市民層をどのようにして成立させるかという難しい問題に取り組んだ。

また、彼の中立王権の原型は、もともとは一八〇三年ごろに執筆された共和政機構論のなかの「保全権力」であった。コンスタンの共和政機構論は、地方分権や市民軍を特徴とするもので、そこでの「保全権力」の役割は、地方自治体や市民軍の支持を背景に、執行権や議会の越権を阻止することであった。つまり、彼の政治機構論は、社会から遊離した王権が上から政治対立を調停するというものではなく、むしろ種々の制度によって活力を保った市民社会と連携するかたちで「保全権力」が共和政の守護者として機能する構想であった。

最後に、心情的自由（その根源は宗教的権威から解放された宗教感情）が不安定で政治忌避に向かいやすいことにもコンスタンは自覚的であった。晩年の大作『宗教論』（一八二四―一八三〇）では、総裁政府期におけるストイックな共和政市民論とも、ナポレオン政権下において彼が傾倒したように見える非政治的な商業社会論とも異なり、知的活動、経済活動、ならびに宗教的活動が調和した政治社会が理想として提示された（その唯一の先例はアテナイ・デモクラシーだとされる）。そこでは、知性、利己心、ならびに宗教感情の均衡・相互作用により、政治に対する信頼・参画と、政治に対する批判・距離とのバランスを保てる政治主体が育ち、政治的自由は保たれると主張した。つまりコンスタンは、確固とした宗教的信念や社会契約論的な思考が政治的自由の不可欠の確立条件だとは考えなかったのである。

以上、本書の内容から逸脱してフランス自由主義についての別の見方を紹介してしまったが、端的に主張したいことは、フランス革命期から、社会改革運動が過酷に弾圧された二月革命に至るまでの半世紀間、フランスでは新しい政治社会とその担い手について多様で豊かな構想が現れたということである。社会契約論の欠如をもってイデオロギー性を指摘したり、ギゾー的自由主義を前面に出したりするよりは、この時期の諸構想を丹念に掘り起こす方が、政治的主体を確立する方法や、現代の自由民主主義の直面する課題について考えるうえで、実り豊かなのではないか。

文献

安藤隆穂、二〇〇七、『フランス自由主義の成立』名古屋大学出版会
宇野重規、一九九八、『デモクラシーを生きる――トクヴィルにおける政治の再発見』創文社
宇野重規、一九九四、「フランス自由主義の諸相とアレクシス・ド・トクヴィル――個・政治・習俗」『国家学会雑誌』一〇七巻五・六号
宇野重規、二〇一六、『政治哲学的考察』岩波書店
古城毅、二〇一四、「商業社会と代表制、多神教とデモクラシー――バンジャマン・コンスタンの近代世界論・フランス革命論㈠～㈤」『国家学会雑誌』一一七巻三―一二号
堤林剣、二〇〇九、『バンジャマン・コンスタンの思想世界』創文社
永見瑞木、二〇一八、『コンドルセと〈光〉の世紀――科学から政治へ』白水社
福田歓一、一九八八［初版一九七一］、『近代政治学成立史序説』（『福田歓一著作集・第二巻』岩波書店、所収）

註

（1）一九三五年生まれの著者は、京都大学文学部哲学科を出た後、東京大学大学院法学政治学研究科に移った。本書以後、

ドイツの三月革命期の思想、一九世紀イギリスの自由主義、一九世紀後半のフランス政治思想などの論文を著し、一九世紀ヨーロッパの政治思想の専門家として活躍していく。

(2) この歴史観は、田中の師、福田歓一が(福田、一九七一)において示したものである。人間の自己保存欲=自然権に出発し、所与の権威を完全に解体して、哲学的に権力の正統性を打ち立てるという、ホッブズ、ロック、およびルソーの政治学に代わって、一九世紀以降は、所与の政治・社会を正当化する社会理論・歴史哲学が跋扈するようになったとされる。同書の第二部は一九六二年に発表された「政治哲学としての社会契約説」をもとにしており、ちょうど当時、田中は本書の原型となる博士論文を構想中であった。

(3) 評者の非力により果たせなかったが、本書の成立背景を考えるうえでは、福田歓一のみならず、本書で何度も言及される丸山眞男との関係、内外のフランス革命・一九世紀フランス史の研究動向、「ブルジョア・イデオロギー」という本書のキーワードにも明らかなマルクス主義史学の影響などの文脈についても本来検討されるべきである。

(4) 本書のフランス自由主義の定義には揺れがある。著者はところどころで、フランス自由主義を、ジャコバン派やその継承者たる社会主義を批判する一方で、復古派に抵抗して一七八九年の原理を守ろうとする思想潮流として定義する。この場合、フランス自由主義の主たる特徴は、ナポレオンの制度的遺産も受け入れながら体制安定化を志向する思想潮流であるということになり、ギゾーがその体現者となる。しかし、本書第二章冒頭では、ナポレオン政権への抵抗によってフランス自由主義は成立したと明言されている。その場合、フランス自由主義とは、ナポレオンの支配に抵抗することができなかったことへの深い反省に立って、ナポレオンの制度的遺産の解体、フランスの市民社会の確立・発展を目指す政治潮流であるということになる。ただし、一八二〇年代以降、ナポレオン支持派の残党が共和派と合流したため、反ナポレオンの姿勢を一貫させる思想潮流を摘出することは困難になる。

(5) 公論の自由を維持することは、コンスタンにとっては最重要の課題であり、(堤林、二〇〇九)や(安藤、二〇〇七)において検討の焦点となっているが、田中は公論の問題を素通りしている。

(6) 田中はトクヴィルの保守性を論じる際、バークとの比較を行うが、両者の比較やイデオロギー性については、(福田、一九七一:三八五―三九〇)の議論を参照。

(7) (宇野、一九九四)はド・トラシ、コンスタン、ならびにギゾーとの対比においてトクヴィルの政治学の独自性に光をあてており、この視点は『デモクラシーを生きる』の土台をなしている。

（8）（宇野、二〇一六：三一六）では、トクヴィルの議論が近年のアメリカでは保守的な文脈で援用されることが指摘されている。

（9）福田歓一・ルソー・社会契約論パラダイムと、佐々木毅のマキアヴェッリ論、福田有広のハリントン論、川出良枝のモンテスキュー論、ならびに田中・宇野のトクヴィル論との関係を、各論者における、政治学史、政治主体、ならびに政治対立・党派の扱いという観点から考えることは、本論集の一つの隠れた主題となっているように思われる。

（10）宇野によれば、トクヴィル政治学が日本に示唆することは、複合的かつ効果的な政治社会を発展させることである（宇野、二〇一六：六三―六四）。

（11）コンドルセの政治社会構想については、（永見、二〇一八）。

（12）田中がコンスタン論を執筆した一九六〇年代には、コンスタンの代表作『政治の原理』（一八一〇年）、『大国の共和政』（一八〇三年）、あるいは青年期・共和政期の諸論考はいまだ草稿にとどまっていた。これらが一九八〇年代以降、活字化されていくことによってはじめてコンスタンの政治社会構想の全貌把握が可能になった。コンスタン研究の進展および、彼の政治社会構想については、（古城毅、二〇一四）。

座談　「政治的なるもの」の運命　前篇——川出良枝×熊谷英人

政治学との出会い

熊谷　本日は西洋政治思想研究を長年にわたり牽引してこられた、川出良枝先生にご自身の研究について振り返ってもらう貴重な時間をいただきました。まずは研究生活に入る前段階として、大学入学前の時期についてうかがいたいと思います。

川出　今まであまり表には出さなかったのですが、私は小学生のころやや難しい病気をして、中学高校に行けませんでした。幸い、一八歳の時にある治療法が劇的に功を奏して、その後、早稲田大学政治経済学部に入学しました。

熊谷　その間、ずっと入院されていたということでしょうか。

川出　そうです。中学、高校の期間はずっと入院生活でした。

熊谷　大変なご苦労だったと思いますが、そのなかで政治や政治学に関心をもつきっかけは何だったのでしょうか。病院という世間から隔絶した環境に置かれることで知的関心が内向し、哲学や文学に関心をもつというのではなく、そこで政治に関心が向いた理由をお聞かせください。

川出　興味が内向するという傾向はやはりありました。政治学に興味をもつ前に、私はそもそも文学好きで世界文学全集や、中央公論社の「世界の名著」シリーズを全巻読破していました。「世界の名著」が面白いのは、ヨーロッパだけではなく中国の作品も含まれているところ。とくに、儒学など、古代中国の思想はよく読んでいました。政治学ということで言うと「世界の名著」の中では、政治思想系の著作の比率がけっこう高い。全巻を読破しながら、純粋哲学というより、政治思想系のものに興味が湧いたということだと思います。また、日本というよりは世界への関心がはじめから強かったので、早稲田の政治学科を選んだとき、政治思想ではなく国際政治学をやりたかった。当時はまだ冷戦下で、第二外国語はロシア語を選びました。

川出良枝氏

熊谷　今の先生を見ていると想像できないです。

川出　早稲田には鴨武彦先生がおられましたし。でも実際に行ってみると、以前読んでた「世界の名著」系がね（笑）。また、二年生のときに受けた藤原保信先生の授業に感銘を受けたことも大きかった。国際政治学か政治哲学か、その他に、当時の早稲田には薬師寺明久先生というスラッファ研究者がいて、その影響で理論経済学にも関心があったのですが、贅沢に悩んだ末に、三年生から藤原先生の演習に入りました。

熊谷　現在では絶滅危惧種になってしまった世界文学全集好きとして、川出先生はどのような作家がお好きでしたか。

川出　トーマス・マンやカフカ。あるいは、ト

熊谷英人氏

ルストイの『戦争と平和』のような歴史ものが好きでした。サルトルもかなり読みました。『嘔吐』とかね。

熊谷　先生が大学生活をおくられたのは、一九八〇年代の半ばころです。当時はまさに「ニューアカ」全盛期ですが、そのような時期にあえて、古典を重視する藤原保信の学問（本書第五章）に惹かれたというのが興味深いところです。

川出　私の興味関心からすれば自然でした。当時、藤原ゼミではヴェーバーのほぼすべての作品を読破するということに取り組んでいました。ポストモダンに関心の強い学生たちと藤原先生が熱いバトルを繰り広げてましたね。ヴェーバーにはいろいろ解釈はあるけれど、素直に読めばモダニティに画期性を見出した思想家で、藤原先生はモダニティを乗り越えるための批判的対象として読んでおられた。ちょうど先生は『ヘーゲル政治哲学講義』（御茶ノ水書房、一九八二年）を刊行されたころ。ポストモダン派と実践哲学派が両極から近代を批判する感じ。私はそのなかで少数派の近代派でした（笑）。ポストモダン系の学生から「もうヴェーバーなんて読むのやめましょう」なんて声が上がったこともありました。藤原先生はさすがの応答で「それでは現象学はどうですか」と提案して、フッサールを読んだこともありましたね。

熊谷　自伝（『学問へのひとつの道』私家版、一九九五年）からはとても生真面目な先生という印象を受けます。

川出　真面目な先生でした。月曜日から土曜日まではずっと研究室におられた。学生に「いつ来てもいいよ」っていう感じ。ただ、謹厳実直で冗談も言わないタイプでは全然なかったですよ。学生とワイワイ議論するのが大好きでしたね。アットホームというのかな。あと野球（ソフトボール）もお上手だった。

熊谷　自伝には経済的な苦労についても多く書かれていますが、藤原さんの研究・教育の原動力は何であったと思われますか。

川出　藤原先生は環境問題に関心があって、何とかしなければいけないと常におっしゃっていました。私が演習にいた頃には、一言もおっしゃらなかったけれど、徐々にキリスト教信仰を深められていたということもあると思う。目的論的自然観というのは藤原先生にとってはたいへん重要だったわけです。環境問題にアプローチすると言っても、今風なアプローチとは違い、自然観の問題として捉えるということであって、その背後には神学的なもの、形而上学的なものがあったのかなと、亡くなられた後から振り返るとそう思います。

熊谷　藤原ゼミに入ってからは、おもにドイツ思想関連の本を勉強されたということでしょうか。

川出　そうですね。ヘーゲルの『精神現象学』なんかを原書で読んでいました。

熊谷　そういえば、ゼミ仲間からは「ヘーゲル夫人」と綽名されたが、ヴェーバーが大好きだったので不本意に感じた、と以前にうかがったことがあります（笑）。卒業論文のテーマは何でしたか。

川出　ヴェーバーの正統性論です。カリスマ性支配と官僚制の関係を論じるという内容でしたね。

熊谷　『貴族の徳、商業の精神』（東京大学出版会、一九九六年）の「あとがき」の一節からも、川出先生にとって藤原保信の存在がいかに大きかったかが、よくわかります。しかし、それほどまでに藤原さんに傾倒していたにもかかわらず、なぜ、早稲田ではなく、東大の大学院に進学されたのでしょうか。

川出　何かちょっとチャレンジしてみたいっていう、そういう感じですね。東大に合格したあと、母と一緒にご挨拶に行ったときには、「政経学部には助手制度があるので、推薦できないかと検討したこともある。自分としては少々残念だ」と言っていただいた。先生の懐の広さには、本当に頭が上がらないです。そもそも藤原先生から「大学院に進学して大学の教員を目指してみたらどうか」とかなり早い段階で声をかけていただいた。

ヴェーバーからモンテスキューへ

熊谷　一九八六年に進学された東京大学大学院法学政治学研究科では、まず社会科学研究所の有賀弘さんが指導教員となります。近世ドイツの宗教・政治思想研究から出発された先生です（本書第三章）。

川出　有賀先生は半澤孝麿先生や加藤節先生や佐々木武先生と盟友関係で、歴史派一派という感じでした。有賀先生自身は声高に方法論を語るタイプでは全然ないんです。ただ大学院のゼミは、他大学の院生の方も参加ＯＫで、半澤先生が率いる東京都立大学法学部から鈴木朝生さんや杉田孝夫さんが常連のように参加されました。とくに鈴木さんはラディカルなスキナリアンでした。東大におけるコンテクスト主義的なものは有賀ゼミで醸成された。でも有賀先生がスキナーに傾倒していたわけではないと思います。有賀ゼミによく顔を出された吉岡知哉さんもそう。ケンブリッジ学派はアングロサクソン系の思想史の方法論であり、認識枠組みなので、ドイツやフランスを研究している者にとっては、そのますぐには使えない。有賀先生は、一つ一つ丁寧にテクストを読み解いていくという指導方法でした。

熊谷　その後、有賀さんの退職にともない、今度は佐々木毅先生が指導教員になります。当時の佐々木先生はすでに古代ギリシア、近世ヨーロッパ、さらには現代の日本やアメリカに至るまで、広大な領域を縦横無尽に論じておられました（本書第六・七章）。演習などの雰囲気はいかがでしたか。

川出　佐々木先生からは、演習でまさに〈読み方〉を教わりました。入学して最初に読んだのはアダム・スミスの『道徳感情論』でした。有賀先生と重なるのだけれど、読み方が藤原ゼミとは全然違いましたね。厳格なテキスト分析、緻密な読解というか。たとえば、propriety とか jealousy とか、鍵概念をパッとつかまれるのですね。ありがちなことですが、学生はえてして筋を追うでしょう。書かれている内容を無難にまとめればそれでおしまい、となる。それに対して、佐々木先生の読みは、テクストの凹凸を追いかけていく感じでしたね。

熊谷　この時期に川出先生は研究対象を大きく変えておられます。卒論ではヴェーバーを扱っていたのに、修士論文はモンテスキュー論です。この変化は何によるのでしょうか。

川出　自分の読書経験としてはフランス啓蒙が好きだった。ピーター・ゲイの『自由の科学』（ミネルヴァ書房、一九八二―八六年）やポール・アザールの『ヨーロッパ精神の危機』（法政大学出版局、一九七三年）、カッシーラーの啓蒙論などの愛読者でした。ヴォルテールとかルソーとかテュルゴーとか、単純に面白そうだな、と思ってました。それともうひとつ、一橋大学の津田内匠先生が早稲田に非常勤でいらしていて、一八世紀フランスについて講義してくださったのですが、それが衝撃的だった。後年、イシュトファン・ホントが「内匠の本をコピーして送ってくれ」と言ったほどの学者です。大学院に入って有賀先生には「引き続きヴェーバーをやりたい」とお伝えしたのですが、「ヴェーバーやっている人はたくさんいるからな」と（苦笑）。そのとき「フランス啓蒙にも興味があります」という話をしました。それでモンテスキューということになった。

熊谷　ただ、ヴェーバーとモンテスキューでは、かなり思想家としての性質が異なりますよね。ヴェーバーの世界は鋭く硬質で、その晦渋さにもかかわらず、読者がそれなりにいる。他方で、モンテスキューは玄人好みで、初学者には面白さがわかりにくい。専門家以外の読者がぱっと読んで面白いかと言われると…。

川出　面白くてぜひやりたいですっていう感じ

では全然なかったですね。そこが不幸のはじまりかな（笑）。そもそもフランス語を学ぶところから始めたし。あっという間に修士論文の締切が来ちゃった。無謀でしたね。

熊谷　修士論文はあまり満足のゆく出来ではなかったということですか。

川出　「穏和君主政の弁証」というもっともらしい問いを立てたものの、情けないことに結論が出せなかった。結論らしきものにやっと到達したのは、修論を大きく書き換えて発表した論文「恐怖の権力」（『思想』七九五号）の時点でした。

熊谷　たしかに、それまで近代ドイツの思想に関心をもっていた学生が修士課程の段階ではじめてモンテスキュー研究に挑むというのは、なかなか大変そうです。モンテスキューに関しては当時、木崎喜代治をはじめとして、社会・経済思想史の分野ではそれなりに研究の蓄積がありましたが、先生はそうした成果をどのようにご覧になっていたのでしょうか。

川出　木崎先生の『フランス政治経済学の生成』（未来社、一九七六年）には大いに啓発され、お手紙まで書きました。個々の思想家の解釈という点で異論がないわけではないのですが、問題の立て方が斬新だった。政治と経済を地続きのものとして捉え、複合的なアプローチをとることで、ようやくモンテスキューの重要性が見えてきました。

熊谷　他方で、モンテスキューの政治思想に関する研究は少なかった。たとえば、福田歓一の『政治学史』でもモンテスキューの扱いはあまり良くない。ホッブズ―ロック―ルソーという社会契約論中心の発展図式（本書第一・二章）と、モンテスキューは明らかに相性が悪い。ところで、福田歓一的な図式の影響力は一時期非常に強かったそうですが（本書第四章）、先生が大学院生だったころはいかがでしたか。

川出　J・G・A・ポーコックの *Virtue, Commerce and History* が出たのが一九八五年。当時はみんな多かれ少なかれポーコック派だったのではないでしょうか。福田有広さんも、広く言えば辻康夫さんも。そもそも福田歓一さんに直接教わった経験があるのは少し上の世代で、私も東大に入ってから学部生に混じって佐々木毅先生の政治学史を受講しました。さっきお話しした「歴史派」の先生方の影響も強かったし、佐々木先生ご自身も、当時、スコットランド啓蒙に関心をもたれていた。ただ、自分が政治学史の授業を担当するようになってから福田歓一さんのお仕事を本格的に勉強しました。

熊谷　渡辺浩先生の日本政治思想史の演習はいかがでしたか。

川出　『論語集註』を読ませていただきました（笑）。漢文大好きですから。渡辺先生から「モンテスキューはどんな声で話したと思いますか」と言われたのは印象的でしたね。そういうところが思想史の重要なポイントだと思う、とね。

Ⅱ　「政治的なるもの」を求めて

第五章　「希望の政治学」へのひとつの道——藤原保信『近代政治哲学の形成』

高山裕二

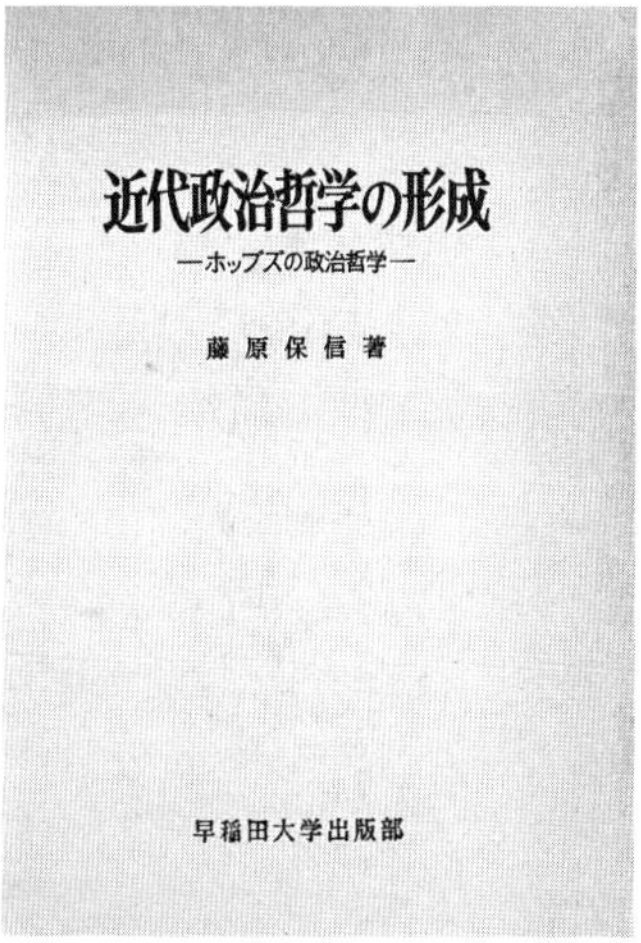

一　はじめに

『近代政治哲学の形成―ホッブズの政治哲学―』（一九七四年六月）[1]は、藤原保信（一九三五―九四年）の事実上のデビュー作である。亡くなる一九九四年六月まで、藤原は二十年という時間で数多くの仕事を残したが、それらの端緒かつ土台となったのが本書である。つまり、戦後日本の政治学史に足跡を残した藤原政治学（政治理論）の原点ともいえる作品である。

本章では、同書の内容を逐一紹介するというよりは、その方法や課題を検討することを通じて、藤原政治学（政治理論）の中心的な特質、彼いわく「希望の政治学」の問題圏を少しく明らかにすることを課題にする。その際、本書の検討の補助資料として藤原が死の直前に書き残した自伝（藤原、一九九五）を主に参照し、ほかはその前後数年に書かれた論考を瞥見するに過ぎない。つまり、本章は彼独自の思想世界が現れる八〇年代のヘーゲル論や自然・環境思想以前の仕事を検討対象とするため、藤原の著作すべてどころかその多くを射程におさめながら考察し、その特徴をあますことなく明らかにするようなことを目的にしていない。また、筆者はホッブズ、あるいはその時代の政治思想を専門としておらず、本書の研究史上の評価についてはいっさい行わない。[2]

以下では、まず『近代政治哲学の形成』を同時代の研究との対比も踏まえて紹介しながら、「近代」

と向き合うというその課題を明らかにする（二）。つづいて、同書の背景にある、「近代」を問い直すというやや実存的な問題関心やその特長について、主に自伝における当時の回想を参照しながら検討し、藤原政治学（政治理論）の問題圏を浮かび上がらせることを目指す（三）。最後に、学生との対話を重視した藤原の教育者としての一面にも触れて結びにかえることにする（四）。

二 《平和》の擁護——「近代」と向き合う

「機械論的」自然観の発見

『近代政治哲学の形成』の出発点は、ホッブズの政治哲学を自然哲学と結びつけつつ解釈しようという方法の選択にある。当時、A・E・テーラーやH・ウォーレンダーらによる代表的なホッブズ研究では、ホッブズの政治哲学を自然哲学あるいは人間論からさえも切断しようとする傾向があったという。これに対して、藤原はそれを切断せずに解釈することで、ホッブズ政治哲学の真価、自然哲学から人間論にまで及ぶその「近代的転換」の論理構造が理解できると考えたのである。

わたくしは本書において何よりも、ホッブズ的な科学的理性、機械論的自然観、自然主義的人間像、市民国家像の論理的連関を明らかにし、それを通じて近代市民社会の論理構造を明らかにしようとしたのである。（ii—iii）

その方法の選択は、著者の研究課題や目的と不可分の関係にあった。「ホッブズが近代市民社会の構造を論理的に先取りし」ていると言うとき（二〇）、藤原にはホッブズ政治哲学のうちに規範（目標）としての市民社会の成立過程をただ見るのではなく、その構造的な問題を自然観・世界観に至るまで論理的・体系的に把握しようという意図が一貫してあった。

序章と終章を除くと六章で構成される『近代政治哲学の形成』では、その前半部にあたる三つの章でホッブズの『物体論』を中心に彼の「哲学」、自然観や人間観、それらへの近代科学の影響が分析される。『リヴァイアサン』の自然状態から国家へと至るいわゆる政治論が扱われるのは二つの章のみで、最後も宗教論に当てられている（それは『リヴァイアサン』自体が後半部を宗教論に当てた構成になっていることに対応したものではあったが）。そこで、ホッブズにとって「哲学」とは「正しい推論〔＝計算〕によって得られる因果関係についての知識」にほかならなかった（三六）。「哲学」のなかでも自然哲学から政治哲学を解釈すると言うとき、藤原が従来の政治学者と違って強調したのは、『物体論』において哲学の概念や方法が示された第一部（論理学）ではなく、哲学の内容を具体的に決定していくとされる「運動」の原理が展開される第二部（「哲学の第一根拠」）の重要性だった（四五、六五）。つまり、ホッブズ政治哲学の核心は自然科学にもとづく因果性の説明にあると見定めたのである。そして、ホッブズの自然観（世界観）は「因果論的」であり、「それが隣接せる物体の運動によってのみ決定されているかぎりにおいて、その因果関係は機械論的である」ことを明らかにしようとしたと主張する（八四）。藤原によれば、それは近代の「市民社会の機械論的な構造に対応し」（八六）、「機械的国家観にまで繋がっていく」ものだった（九六）。

要するに、ホッブズの「哲学」はいわゆる（自然）科学革命の影響のもと、人間とその行動を純粋に物理的な「運動」の原理によって説明しようとするもので、それが政治社会にも応用されているというのである（「人工的人間」としての国家観）。そこで、生命「運動」を助長する情念は「快楽」、阻止する場合には「苦痛」と呼ばれる。藤原にとって見逃せなかったのは、それが善悪と同一視され、その意味で「善悪はその時の個人の主観に依拠せざるをえないこと」だった（一三〇）。その限りでは、言葉や概念も人間の情念を表徴する「記号」に過ぎなかったといえる（言葉におけるホッブズのノミナリズム）。

福田政治学との対峙

ところで、『近代政治哲学の形成』が出版された当時、日本国内でもホッブズに関する代表的な政治思想研究書がすでに出版されていた。福田歓一の『近代政治原理成立史序説』（一九七一年）である。確かに、同書はホッブズ研究というよりもホッブズ、ロック、ルソーと連なる社会契約論のうちに近代の政治社会の構成原理を見出そうとする試みだったが、その起源にホッブズを位置づけるとともに、なにより近代の政治像をそのうちに理解しようとする試みである点で、藤原ホッブズ論にとっても無視しえない先行研究だったはずである。だが、それにもかかわらず、『近代政治哲学の形成』には同書への目立った言及がないのは驚きでさえある。本書で言及があるのは一回、それも代表的な先行研究として序論等で紹介されるのではなく、「言葉」に関する指摘のみだった（一二五）。

一見して『近代政治哲学の形成』の第四章「人間」における福田とその著作への言及は瑣末なもの

で、とくに意識しないと読み飛ばしてしまいそうなほどだ。しかし、まず福田ホッブズ論において言語が「人間をまったく受動的位置から解放し、逆に言語が人間の能動決定 decision による自由な、むしろ恣意的な作為である」という点で肝要だったことを理解しなければならない（福田、一九七一：二五四）。つまり、近代の「政治社会をつくり出す人間」の作為に着目し、ホッブズに始まる社会契約説をその構成原理として評価する『近代政治原理成立史序説』の著者にとって、ホッブズにおける人間の作為の契機としての言葉は重要な意味をもったのである（同上：二四三—二四四）。

これに対して、藤原にとってホッブズの言葉や概念とは人間の運動を対象化する「主体的な能力」をあらわすと一応は言えるとしても、言葉や概念は欲求、正確には欲求対象によって生起した運動によって決定されるものであって、その限りで人間の主体的な意志による選択や判断を意味しなかった。結局、藤原はホッブズの言語に対する解釈の相違への言及を通じて、福田ホッブズ論とみずからのそれとの決定的な距離を——必ずしも批判というかたちを介さずに——示唆しているのである。

とはいえ、そうだからといって、ホッブズ政治哲学には規範（目的）がないことを意味しない。その哲学の目的は言うまでもなく「平和」であると、藤原は繰り返し述べている。

> 結論的にいうならば、ホッブズ政治哲学の至高の目的は「平和」であり、そのためのコモンウェルスの存立の条件を示すことにあった。したがって、その全体は臣民の権利を基礎づけるよりも、「平和」を維持するために必要な主権者の絶対権を基礎づけることに費やされていたのである。
> （二四九）

本書では「平和」を目的に主権以下、近代政治哲学の主要な概念、たとえば自然法（→法の支配）や自然権（→個人の権利）について論じられてゆく。ホッブズによれば、人々は平和の強制としての「自然法」に導かれるように社会契約を結び、国家を設立することになるが、主権者に絶対的な権限を与え、これに絶対的に服従するのも《平和》という政治目的のためだったのである。

シカゴ留学とレオ・シュトラウスとの距離

藤原は『近代政治哲学の形成』刊行前、シカゴ大学およびロンドン大学の留学（一九六九―七一年）によってホッブズ研究への道を決断することになる。自伝『学問へのひとつの道』によれば、シカゴ大留学中、レオ・シュトラウスの弟子であるJ・クロプシーを指導教授とし、マクレイやイーストン、モーゲンソーらの講義を聴講したが、その講義のペーパー（レポート）で扱ったのがホッブズだった。それがホッブズ研究への出発点となったようである。自伝ではその内容がこう説明されている。

ホッブズにおける科学の論理と規範との関係についてである。つまりホッブズは、近代科学革命の影響を受け、物体、人間、市民（国家）と貫くその哲学の体系を科学の論理によって組み立てていったが、しかしこのばあい論理の構築はホッブズ自身の価値意識と無縁ではなく、平和の擁護（＝自己保存）という一定の目的に嚮導されていたことを論じたのである。

（藤原、一九九五：一六一―一六二）

イギリス内戦下で形成されたホッブズ政治哲学も、価値意識（目的）と無縁ではありえない。それはすなわち平和であり、「平和の擁護」だった。戦前生まれで学生運動にも一時コミットした藤原にとって、それは意義深いテーマに映ったと考えても不思議ではない。思えば、彼の研究者としてのスタート（講師時代）はイギリス理想主義（T・H・グリーン）の研究だったが、それ以前に働きながら夜間部（早稲田大学第二政治経済学部）に通い大学院に進学したのち、最初に扱った思想家はハロルド・ラスキ、あるいは彼の師とされるアーネスト・バーカーだった。[3] ラスキは「平和」に積極的な意義を認め、その観点から近代の政治思想を再構成した思想家であるといわれる。しかもラスキは「近代」を理解するうえで、その才能を高く評価するがゆえにホッブズを論敵に設定したのだった。[4]

オリヴァー・ウェンデル・ホームズ判事との書簡でラスキは、マルシリウスの『平和の擁護者』を読み感動したと述べたホームズの書簡に感銘を受け、幾度も読み返したのがホッブズであり、その著作の内容には失望しながらも、彼の政治哲学のうちに「偉大なもの」を認めたと告げている（一九一七年一一月二八日）。のちの書簡（三一年四月二〇日）でもホッブズを称賛する。

〔…〕それは、ある時代の偉人は、必ずある山脈の頂点をなすものであり、彼が際立ってみえるのは、時代の聞きたいと思っていることを権威をもって言うからである〔…〕。

（ハウ、一九八一：一七八～一七九）

関心や方法は違えど、その時代（＝近代）を代表する思想家としてホッブズと向き合った点は藤原も同じだった。ホッブズは平和を至上目的とする近代市民社会の原像――その実態は所有的市場社会の構造だった――を二百年近く先取りして描いたのだ（三一三）、といった藤原の評価もその点と関係していよう。彼にとってもホッブズは「山脈の頂点」をなし、批判の対象であれ最大限の敬意、こう言ってよければ畏怖を抱く存在だったように思われる。

もちろん、次節で述べるように、藤原政治学（政治理論）にとって「平和の擁護」は十全な目的（規範）ではなかっただろう。その点では彼がホッブズ研究へと導かれる留学の前後に多大な影響を受け、指導も受けた師シュトラウスとの関係についてもここで触れないわけにはいかない。藤原自身、「とりわけシュトラウスの『ホッブズの政治哲学――その基礎と始源』（一九三六年）〔ドイツ語版は一九六五年〕を読んだときの感慨は忘れない」と述べる一方、「しかし不満は残った」と素直に語っているからだ（藤原、一九九五：一六九）。

そもそも方法論においてホッブズの政治哲学の基礎を近代自然科学に認める「ホッブズ解釈の伝統」を覆したのがシュトラウスだった（三）。そして、あるいはその結果として、彼がホッブズの政治哲学のうちに近代（人）の「道徳的態度（moral attitude）」の転換を認める一方で――それは近代科学との接近以前に形成されていたという――、科学的・機械論的自然観（世界観）への転換を見ない点で藤原には不満が残った。『近代政治哲学の形成』の記述を確認しておこう。

しかしホッブズによっておき換えられたものは、そのような道徳の性格とそれに依拠する政治哲学の内容にとどまらないであろう。むしろそれら全体を支えそれを規定している基本的な世界観もしくは思考様式にまでかかわっているといわねばならないのである。（一六）

では、藤原政治学（政治理論）は近代の「基本的な世界観もしくは思考様式」となぜ向き合ったのだろうか。それが単なる「道徳的」批判ではないとすれば、その目的とは何だったのか。

三　「希望の政治学」へ――「近代」を問い直す

戦争体験？

藤原保信は小学四年生のとき、生まれ故郷の長野県安曇野で「八月一五日の敗戦」を迎えた。「特別の感慨もなかった」と自伝に当時の心情を書き残している（藤原、一九九五：一八）。彼自身が書くように、「戦争の悲惨と敗戦のショック」を深刻に考える年齢ではなかったのだろうが、自伝を読む限り――戦死した父とその家族への影響、とくに藤原自身が大学への進学を一時断念したことなどを除き――、戦争の記憶が直接的に未来の政治学者に大きな影響を与えた痕跡はない。

その意味でも、藤原にとって「平和」が至上の価値になることはなかったかもしれない。むしろ、それはすでに前提として享受した世代に属し、藤原の政治学の目的となることはなかったのではないか。裏返して言えば、藤原にとって政治学は目的をもたなければならない学問であることが大前提だった。そのことは、彼が一九六七年四月に助教授となって最初に担当した一般教養の「政治学」の講義の概要によくあらわれている。「序——政治の擁護と政治理論の擁護」と題された初回講義では、マルクス主義者であれ丸山眞男であれ、今日（当時）の日本の政治学者が政治の支配服従関係、すなわち権力の側面に偏重し、「政治否定の傾向が強すぎ」ると批判したのである。

たしかにそれは政治学の重要な機能ではある。しかし政治を悪とし、その濫用を阻止するという視点からは、あるいは政治否定の政治学からは、それを用いて実現すべき政治の目的が欠落している。そこからは人間生活の善きあり方のために何をどのように実現すべきかという視点は出てきにくい。

藤原はこう回想したうえで、さらに続ける。「かくして「政治の擁護」を唱え、「政治理論の擁護」を唱えたのである。いささかキザな表現を用いるならば、それは「絶望の政治学」から「希望の政治学」への転換を意味した」（同上：一四五—一四七）（「政治の擁護」という表現は、B・クリックの一九六二年刊行の同名の著書を意識したものだろう）。

政治に期待して「希望の政治学」を目指した政治学者の原点は戦争体験よりも、勤労学生としての体験の方が影響は大きかったかもしれない。信州から上京して紡績工場で働きながら——のちの回想によれば（同上：五二—五三）——マルクスの「疎外」を実体験し、大学の夜間部に入学して「理想主義」（社会主義）に傾倒していった。その場合、社会主義といってもマルクス主義というよりは「民主社会主義」と呼ばれるものに親近感を寄せていたと藤原は回想している（同上：六八）。そうした実践的・革新的な問題関心が、「私のラスキ研究」にもつながったという（同上：八四）。

そのため、シカゴ大留学中に講義を受けたイーストンの政治分析がいくら脱行動主義を唱えようと、現実を説明しかしない「保守的」な学問に映ったことは当然だった。また、藤原にとっては彼の師事したシュトラウスの弟子クロプシーの政治学（政治哲学）とその態度も大いに不満の残るものだった。実際にはイーストンでさえ（？）米軍のカンボジア侵攻に反発した学生との討論に臨んだのに対して、クロプシーは現実の政治に背を向け、「政治学の規範性をいいながら、なおも政治と学問とは別というシュトラウス的確信」に固執したことに藤原は不満を隠していない。

しかしそのように現実の政治に超然として、普遍の真理や価値を求め、それを過去の偉大なテキストに探るとき、それ自身が結果として保守的にならないという保証はない。このディレンマを解決する道はあるのだろうか。（同上：一六二）

藤原は残された二十有余年の時間を費やし、その道を模索することになるだろう。ここで確認したいのは、彼がただシュトラウス主義者でなかったということではない。政治学は目的（規範）をもつべきであるが、それは現実の政治・社会の問題と向き合うなかで形成され彫琢されるということを藤原自身が最晩年にその政治学の特徴として示唆していたことである。

「近代の矛盾」の噴出

では、そのような強い問題意識を抱えた若き政治学者がなぜホッブズ研究へと向かったのか。前述のバーカーやグリーンの研究につづいて、アリストテレスに遡って「政治理論における「正義」の問題」（一九六八年）（藤原、一九七六：第一章）に取り組みはじめた藤原をして、ホッブズ研究に向かわせた問題意識とは何だったのか。その答えは留学時代を回想する本人の言葉のなかにある。

そのようなときに浮かび上がってきたのが、ホッブズであり、ホッブズ研究であった。それはまさに伝統的政治学から近代政治哲学への転換、というよりも近代政治哲学への組み換えに位置していた。そして大学紛争等を通じて、近代の矛盾が噴出しているようにみえたとき、それはホッブズらの切り開いた近代の地平に密接に関連しているように思われたのである。

（藤原、一九九五：一六九）

そう、藤原を近代と向き合わせたもの、それは六〇年代末に世界中で噴出した「近代の矛盾」であり、それを理解するためには「近代の地平」、その理論構造をトータルに把握する必要があるという認識、なかば直感だった。その最大の素材が言うまでもなくホッブズその人の政治哲学だったというわけである。

その意味で、福田の『近代政治原理成立史序説』のように、ホッブズは「近代」を形成した一人、しかも彼につづくロック、ルソーによって乗り越えられてゆく研究対象ではありえなかった（岸本・川出、二〇〇五：三七五）。藤原は、ホッブズのうちに近代政治原理の出発点ではなく到達点を見定めたうえで、「近代」という時代の転換をトータルに理解し、その矛盾の由来を鮮明にしようとしたのである。そのうえで、今度は残された時間で、それを真に乗り越える政治理論の形成に向かわなければならなかった。その試みは早速、『ヘーゲル政治哲学講義――人倫の再興』（一九八二年）と『政治理論のパラダイム転換――世界観と政治』（一九八五年）に結実するだろう。

『近代政治哲学の形成』には、来るべき政治理論がすでに予告されていた。著者は終章で、「ホッブズ的な「近代」にたいする最初のトータルな批判者」をルソーに見たうえで、それをさらに徹底させ体系化したのがヘーゲルだったと書いている（三一七〜三二〇）。そのとき、アリストテレスに遡るとされる目的論的な自然観（世界観）のある種の復権、あるいは政治理論のパラダイム転換の可能性を見据えていたにちがいない。それは、藤原がイギリス理想主義のうちにすでに見ていた共通善や共同性、「〝ゾーン・ポリティコン〟の概念の復活」（藤原、一九七六：八二）を意味しただろう。

ホッブズ論の刊行後、藤原は欧米におけるロールズ発の政治哲学の復権につき、五年の間に――二度目の留学（一九七八年度にオックスフォード大学で在外研究）を挟んで――二冊の単行本を上梓して集中的に紹介したのち、ヘーゲル研究に本格的に取り組むことになる。そのとき、ホッブズ政治哲学、その近代政治像との対比において藤原の独創的な政治世界が屹立するだろう。やはり『近代政治哲学の形成』はその端緒であり土台だった。

四　おわりに

川出良枝は、その渾身のデビュー作『貴族の徳、商業の精神――モンテスキューと専制批判の系譜』（一九九六年）を恩師藤原保信に捧げている。その「あとがき」には次の一文がある。「そもそも筆者が政治思想研究をこころざしたのは、早稲田の杜の教室で情熱をもって政治の理想を語られていた先生へのあこがれに発している」（川出、一九九六：三二八）。

本章では、藤原の『近代政治哲学の形成』をめぐって、彼の自伝を補助線としながら検討し、その政治学（政治理論）の課題や目的を明らかにしてきた。ただ最後に、政治学者藤原保信を語るうえで彼の教育者としての一面に触れないわけにはいかないだろう。それは藤原門下の研究者の多さや活躍のためだけではなく、彼の政治学の特色そのものをある意味で表現し規定さえしているように考えられるからだ。本書の二年後に刊行された著書『正義・自由・民主主義――政治理論の復権のために』（一九七六年）の「まえがき」にも次のように書かれている。

> 大学におけるわたくしの主なる講義科目は「政治学史」であったが、講義に熱がはいればはいるほど、しばしば投げかけられる質問は、わたくし自身の判断の基準にかかわるものであった。〔…〕わたくしは本書を学生との新たなる討論の素材とし出発点としながら、わたくし自身の思索への歩みを続けたいと思っている。（藤原、一九七六：ii―iii）

藤原は早稲田大学政治経済学部で「政治学史」の講義を担当し、毎年数百名の受講者に対してヨーロッパの政治思想を講じた。その講義や演習（ゼミ）を通じて学生の教育に力を注いだことはよく知られている。講義のもとになった教科書として『西洋政治理論史』(一九八五年)が刊行されたが、それは独創的な解釈を示すものであるよりも「テキスト中心主義」と呼ばれる、ひたすら各思想家のテクストを内在的に理解することに徹した著作だった。同書が『藤原保信著作集(第三・四巻)』として再刊された際、解説を付した中金聡は次のようにその特徴を整理している。(5)

総体としていえば、テキスト外的な要素への言及を最小にしながら、思想家ごとにインターテキスチュアルな分析を完結させる『西洋政治理論史』の叙述のスタイルは、藤原に独自のものであったといえる。(中金・厚見、二〇〇五:三三二)

そのどちらかといえば「オーソドックス」な解釈にはホッブズ論と同様、やはりテクストをできるだけ書いてあるとおりに読もうという姿勢が一貫してあり、それは「過去の思想家たちのすぐれた知性に最大限の敬意をはら」った結果だったのだろう。ただそのことは「凡庸」というだけでは片付けられない意味をもつと中金は言う。その種の解釈は「歴史に関するエキセントリックな命題を掲げる書物」と違って、「著者を知的教祖《グールー》とする内閉的なサークル」を形成することはない(同上:三五五)。つまり、「この種の孤高の英雄主義と無縁な精神によって書かれている」藤原の教科書は、「政治思想史を自分の力で理解しようとするすべての人びと」に広く開かれたテクストという意味をもつのである。

それでも、授業がその教科書にもとづいていたとはいえ、受講生たちはそこに書かれた「内容」のみに藤原政治学の魅力を感じたわけではないだろう。川出も書くように「政治の理想を語られていた」声、その情熱に魅了された人々は少なくなかった。藤原の授業を受講したことのない筆者には知る由もないが、その残響は多くの後人の仕事のなかに見出すことができるのは確かである。

彼の死後、日本の政治学において近代政治思想研究をリードしてきた川出良枝のほか、現代政治思想研究で躍動する重田園江もその一人だろう。著作集に寄せたエッセーで重田は、政治学史の講義の先生の声を「一種の啓示のように聞いた」経験を語っている。そこで、授業の「内容」（教科書）にはあらわれない、その背後にある問題意識、ある種の情熱を次のように表現している。

著作にあらわされた「内容」としては、藤原先生の思想はアリストテレスやトマスの目的論、調和と秩序を志向していたかもしれない。だが、その情熱的な語り口、ときに鋭い舌鋒で相手の弱点を指摘する激しさを思い出すにつけ、心性としては唯一の完全なものと不完全なものとの間に鋭い断絶を見る、プラトンやアウグスティヌスに近いものをお持ちであったのではないか。

（重田、二〇〇五：六）

オーソドックスで一見凡庸なその教科書をつい手にして引き込まれるのも、案外このような筆致の奥底に蠢く不定なもの、それをなんとか抑制しようとする意思が見え隠れするからかもしれない。

近年、現代政治理論（フェミニズム）研究を牽引する岡野八代の仕事を含め、スタイルも趣向もまったく異なるが、おそらくその人の声に影響され、ときに激しく反発しながら、藤原のこころざした「希望の政治学」の試みは彼女らの仕事によって広く開かれたものとして継受されている。グローバル（英米）化によって内部に「近代の矛盾」を抱える日本の大学で、政治学が西洋の受け売りではない目的（規範）をなおもちうるか。その問いは彼女たちの声に魅了された次世代に向けられている。

文献

重田園江、二〇〇五、「「取りて読め！」」（『藤原保信著作集・第四巻［付録］No.5』新評論、所収）
川出良枝、一九九六、『貴族の徳、商業の精神――モンテスキューと専制批判の系譜』東京大学出版会
岸本広司・川出良枝、二〇〇五、「解説」（『藤原保信著作集・第四巻』新評論、所収）
佐藤正志、二〇〇八、「解説」（『藤原保信著作集・第一巻』新評論、所収）
渋谷武、一九八四、「ホッブズとラスキ――ラスキのホッブズ観」（田中浩編『トマス・ホッブズ研究』御茶の水書房、所収）
中金聡・厚見恵一郎、二〇〇五、「解説」（『藤原保信著作集・第三巻』新評論、所収）
ハウ、M・D編、一九八一、『ホームズ―ラスキ往復書簡集』鵜飼信成訳、岩波現代選書
福田歓一、一九七一、『近代政治原理成立史序説』岩波書店
藤原保信、一九七四、『近代政治哲学の形成――ホッブズの政治哲学』早稲田大学出版部
藤原保信、一九七六、『正義・自由・民主主義――政治理論の復権のために』御茶の水書房
藤原保信、一九九五、『学問へのひとつの道――働くことと学ぶこと』私家版

註

（1）以下、本書からの引用は頁数のみ本文中に記す。
（2）その後の研究の進展を考慮しなければならないとはいえ、今日でも「アカデミックな学術論文として高く評価される要素を備えている」というホッブズ研究者による評価として、『近代政治哲学の形成』を収録した『藤原保信著作集（第一巻）』に付された解説＝（佐藤、二〇〇八）を参照。本章では第二節で本書の特徴を検討するにあたり、同解説を参照した。
（3）ラスキと対比されたバーカーや、グリーンに関する論考は（藤原、一九七六）に収録されている。
（4）ラスキにおけるホッブズ観、またホームズへの書簡については（渋谷、一九八四：二八一〜二八七）を参照。藤原も論文「ホッブズとヘーゲル」を同共著に寄稿している（第八章）。
（5）解説は厚見恵一郎との共同執筆だが、前半の総論部分は中金による執筆と明記されている。

第六章　イデオロギーの時代における政治学史研究
――佐々木毅『マキアヴェッリの政治思想』

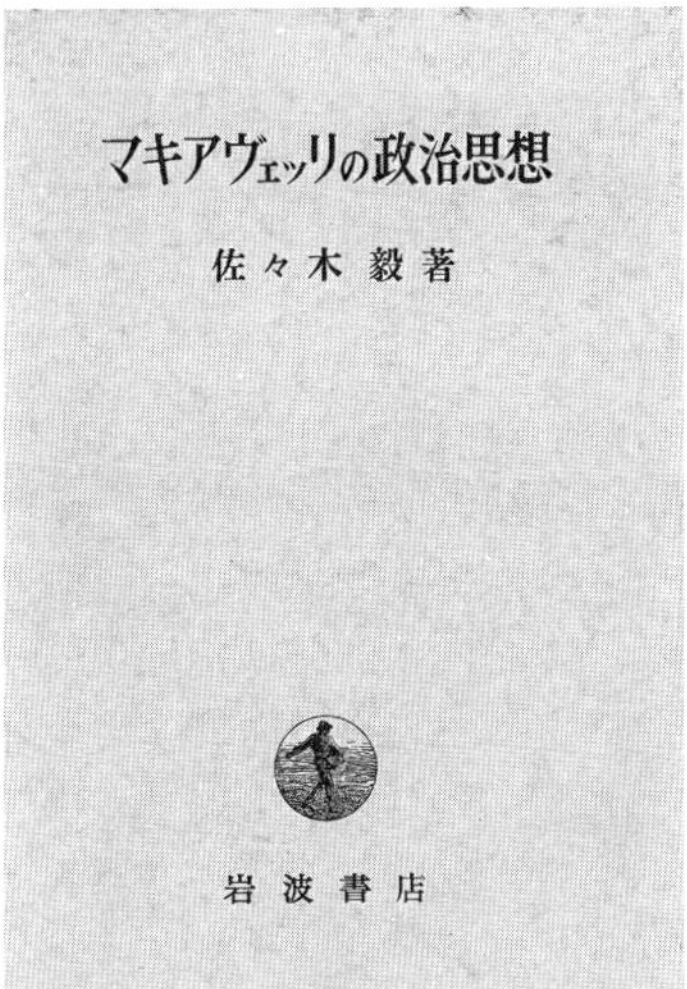

村木数鷹

一　はじめに——研究対象の選択

一九六〇年代の日本においてマキアヴェッリを研究する——この人生における一つの選択がいかなる意味をもっていたのかと問うことから、佐々木毅『マキアヴェッリの政治思想』についての検討をはじめたい。本書は、著者である佐々木が三年間にわたる助手時代の研究成果をまとめて東京大学法学部に提出した論文にもとづいて、一九七〇年に岩波書店から刊行された著作である。マキアヴェッリという主題の選択は、助手への応募にあたって執筆された佐々木にとっての初めての論文「ニッコロ・マキアヴェッリ、ルネサンス政治理論の典型」が書かれた一九六四年以来のものであった（佐々木、二〇一五：二二五）。それからおよそ半世紀が経過した日本において同じくマキアヴェッリを研究する道を歩むことになった評者にとってはよりいっそう、なぜ先達がその決断に至ったのかというのは興味を惹かれる問題である。

佐々木自身による回顧の言を踏まえれば、それは「イデオロギー過剰時代への、一種の憂さ晴らし」であったという（佐々木、二〇一七：五三）。一九六一年に大学に入学して、そして卒業後の六五年から六八年にかけて助手論文を書き上げた佐々木は、まさに大学のなかでもイデオロギーというものが猛威を振るった冷戦時代の六〇年代にありながら、しかし「イデオロギー」には常に、距離感というか不信感」を抱いていたと振り返る（佐々木、二〇二二）。六〇年安保闘争が終わった直後の大学に足を踏み入れて、そして六八年東大紛争にはむしろ教員の立場から関わることになったという、いわば二つの学生運動の狭間に位置した世代であったことも念頭に置くならば、イデオロギーを離れて「権力」という問題を中心に政治を見る思想家の典型としてのマキアヴェッリに関心を寄せたことも理解できよう。

現在から顧みるとやや意外なことに、研究対象として当時の人気を博していたのはホッブズやルソーといった社会契約説の系譜に連なる思想家であり、マキアヴェッリを研究するというのはいわば「場末」に光をあてたような感覚であったという（佐々木、二〇一七：五四）。ただし、六〇年代という「現実の政治が非常にイデオロギー中心なもの」であった当時にあって、欧米の政治思想を勉強するという選択それ自体は、政治学への「入り方としては自然」なものであったとされている点にも注意しなければならない。まさに六〇年代は、政治学全体のなかで思想史研究者が「少々大きな顔をしていた」と回想されるような時代であった（佐々木、二〇一五：一九九―二〇〇）。

したがって、一九六〇年代の日本においてマキアヴェッリを研究するという佐々木の選択は、イデオロギーの時代を象徴する学問分野を選びながら、しかしあえて最もイデオロギーから隔たった対象を選んだという意味において、どこか独特の緊張感を内部に秘めていたと言えよう。確かに「一八世紀以来生み出された普遍的なイデオロギーでもって世界が二極化し、そこで相対決」していた当時にあって、理念や思想と比べて「レベルが低い」と一般に思われていた利益政治や権力政治と強く結びつけられていた一六世紀イタリアの思想家を研究するというのは、「学界では異端の部類に入る」決断であったであろう（佐々木、二〇二二）。しかるに、こうした佐々木の選択を実際に方向づけるにあたって決定的な役割を果たしたのは、いったいいかなる方面からの刺激であったのか。

二　イデオロギーと政治科学

当時の政治思想史研究において「珍しいテーマ」であったことは、必ずしもマキアヴェッリが政治学の世界一般においても無名であったことを意味しない。むしろ、佐々木自身が「われわれ六〇年代に政治学を学び始めた人間たちにとって〔…〕大きな出発点」であったとして影響関係を明示する丸山眞男『現代政治の思想と行動』において（佐々木、二〇一五：一九八）、マキアヴェッリは主要な登場人物の一人であった。たとえば、そこに収録された「権力と道徳」というマキアヴェッリ的なタイトルが付された論文では、彼が「政治権力に特有な行動規範を見出そうとした」ことが評価されており（丸山、二〇〇六：四〇三、傍点原文）、こうした問題意識は佐々木による研究にも反映されている。

しかしより着目すべきは、「科学としての政治学」という有名な論文が提起した「一切の政治的思惟の存在拘束性」という問題であったように思われる。丸山は、一方で政治的現実の認識に際して「どこまでも客観性をめざして、イデオロギーによる歪曲を能う限り排除」するように求めながら、他方で「政治的思惟がその対象に規定され、又逆に対象を規定する結果、政治理論に著しい主観性が附着し、多かれ少なかれイデオロギー的性格を帯びることは、そのいわば「宿業」である」こともあわせて認めなければならないと強調する（丸山、二〇〇六：三五六—三五七）。

こうした「緊張」に堪えよとの丸山による政治学者に対する訓戒は、その論文の冒頭において「近代政治学の礎をきずいた」一人の政治学者としてマキアヴェッリの名前にも言及がなされていたことによって（同：三四五）、その研究を志す者に対して解釈上の指針を与えるという意味も同時に帯びざるを得なかったと考えられる。というのも、当時のマキアヴェッリ研究における「通説的見解」は、彼について理念や道徳を排した「科学」としての政治学の創始者であると定位するものであったためである（佐々木、一九七〇：五）。こうしたマキアヴェッリ理解は、イデオロギーの時代がもたらす種々の緊張感に対する鋭い感受性を示していた若者にとって、生硬で一面的な解釈に映ったであろう。

実際に佐々木は、先のような通説的な理解を背後で支えていた、科学においては価値判断から切り離された現実に対する把握がなされるとの「無前提科学主義」を批判するところから、その『マキアヴェッリの政治思想』の筆を起こすことになった（同：八）。こうした関心は、佐々木がマキアヴェッリの研究をはじめた一九六四年が、ちょうど「オリンピックだけではなくて、ウェーバー生誕一〇〇年という年でもあった」と回顧されるような年であったという時代の趨勢とも重なりながら（佐々木、二〇一五：二〇一）、より広く社会科学方法論一般にも及ぶような問題意識として提起されるに至った（碧海、一九七〇）。

『マキアヴェッリの政治思想』の特徴は、いかなる現実の把握もその主体の思想や理念との関連においてのみ成立するとの認識論的な前提を踏まえたうえで、それまで理念を欠いた「技術」としての政治学を創始したと評価されてきたマキアヴェッリについて、改めてその思想的な基盤としての「政治観」を明らかにしようと試みた点に見出される。そして、場面に応じて変化する個別具体的な記述を多く含んだマキアヴェッリのテクストを対象としてこれを可能にするべく、その「状況的認識」とは峻別された「原理的認識」を別個に再構成しようとしたところにその方法論的な特質が存する。ここについても、一般に「科学」的と形容されてきた思想家について、あえてその「哲学」を解明しようとの緊張関係を孕んだ構成が確認されることは、改めて強調するに足る事実であろう。

三 原理的認識と論理的矛盾

本書のもとになった助手論文が、一九六九年の四月から八月までの五回にわたって『国家学会雑誌』に連載された際には「マキアヴェッリにおける「政治観」の構造と展開——哲学との関連において」との表題を冠していたことからも窺われるとおり、その「哲学」に依拠したマキアヴェッリの原理的な政治観を明らかにすることが佐々木の主たる目的であった。そして第一に指摘すべきは、佐々木がマキアヴェッリの「人間像におけるドグマティズム」をもって、「彼の原理的認識の最も根本的テーゼと判断」してみせた点である（佐々木、一九七〇：二四五）。すなわち、特定の人間観を軸として、そこから論理的な一貫性をもって導かれるいかなる原理的政治観をマキアヴェッリが提起していたのかの検討が目指されたのである。

したがって本書の構成は、イデオロギーと政治科学に関係するその独自の方法論を説明する序説につづいて、まずは前史としてのイタリア・ルネサンス哲学の概要を確認する第一章が置かれたうえで、人間観を中心とするマキアヴェッリの原理的哲学を分析する第二章が展開されることになる。さらに、こうした哲学に支えられたマキアヴェッリの原理的政治観を stato の問題と republica の問題についてそれぞれ検討する本書の中核をなす第三章と第四章がつづいたうえで、最後の第五章では以上の原理的政治観が具体的な状況に即した特殊問題においてどこまで貫徹していたかの検討がなされるのである(なお、第二論文として「フランチェスコ・グィッチャルディーニの政治思想」があわせて収録されているものの、ここでは検討の対象外とする)。

マキアヴェッリを研究するにあたって彼の人間論からはじめるという選択それ自体は、たとえばマキアヴェッリも念頭に置きながら「政治を真正面から問題にして来た思想家は古来必ず人間論(アントロポロギー)をとりあげた」と述べる丸山の文章や(丸山、二〇〇六:三六〇)、あるいはルネサンスの政治思想において中心となった問題を「人間の問題」とする佐々木の師である福田歓一の議論を踏まえても(福田、一九七〇:五〇)、当時としては珍しいものではなかったはずである(むしろ、七〇年代以降になって人間論から説き起こすような政治思想研究が成立し難くなったのはなぜかとの問いを立てる方が意義深いであろう)。

佐々木は、「野心」と「貪欲」とを基調として、あらゆる手段を駆使して自己の情念を満足させようとする「感性的人間像」のうちにマキアヴェッリの人間観を見出す。そしてそれは、一定の動揺を伴いながらも、基本的には神的・理性的な秩序とのあいだで調和を保っていたルネサンスの伝統的な人間観からの決定的な断絶を意味していたとまとめられる。マキアヴェッリにおいて人間は、判断の主観性に特徴づけられた個人として把握され、そこでは客観的な「秩序の自明性のトータルな破壊」が帰結するというのである(佐々木、一九七〇:七九)。

しかるに、こうした人間観にもとづくマキアヴェッリの独自の哲学から帰結する新たな原理的政治観とは、いったいいかなる内容を備えていたのであろうか。感性的人間を秩序づける手段は、力による物理的強制に一元化される。したがって、支配者が自己利益のために権力を追求する結果として、その力によって達成される他者の服従という「秩序らしさ」をもって国家をとらえることがその哲学の内実とされる。この実力説にもとづく私的支配の論理を唯一の原理とする、いわばstato的論理に貫かれた政治観によって、古代以来の「政治的動物（ゾーン・ポリティコーン）」としての人間からなる自然的な共同体としての伝統的な政治観は、徹底的に破壊されるに至ったのである。

さらに、以上で見たような原理的認識の単純な貫徹としては把握が困難な箇所としてマキアヴェッリの軍事論、そして共和国論が立ちはだかっていると議論が展開されていくことも、本書の見逃せない特徴である。前者については、力によって支配しようとする当の対象である臣民を武装するように説くのは論理的欠陥ではないか、すなわち臣民からなる自国軍の設立はstato的論理の貫徹を可能にするはずの「武力の独占」を自己崩壊させることにほかならず、そこに「鋭い矛盾対立」が見出されるのではないかとの問題提起がなされる（同：一三七）。

また同様の「論理の破綻」は、その共和国論についても指摘される。その具体的な議論の運びも含めて本書の特徴をよく表している箇所でもあるため、あえてここでは少し長くなるが実際の文章を引用してみたい。

マキアヴェッリのペシミスティックな人間像がその「共和国」論の大前提である。このように人間が自然的に反社会的性格を持つ以上、「共和国」は内在的に創出され得ず、「共和国」の成立は外部からの「教育 educazione」に依存しなければならない。ところでこの「教育」は「法 legge」を通じて行なわれる。しかし、〔…〕感性的人間をコントロールする最終的手段は「処罰の恐怖」を与えることであり、従ってその手段の具体的内容における「力」の圧倒的地位が発生せざるを得なかった。〔…〕ここにマキアヴェッリの立法者論の特質がある。即ち、立法者は権威の独占を必要とし、独裁者そして更に君主たることを不可欠の要件とする。〔…〕しかし立法者が単に君主に止まるならば「共和国」は出現せず、「共通善」というその基本的原理は文字通りイデオロギーたるを免れ得ないであろう。従って、立法者が virtù を有する stato の保有者から「共通善」に服従するという転換のモメントが要求されなければならない。この転換を示すモメントが「善良さ bontà」という資質に他ならず、virtù は bontà と結合することによって、私益追求能力から「共通善」追求能力へと換骨奪胎される。このような奇跡的な内面的転換によって君主は立法者に転化する。

（同：一六九―一七〇、傍点原文）

以上のような論理構成にもとづいて佐々木は、共和国を成立させるにあたって結局は立法者に内面的な「善良さ」を要求することを余儀なくされたマキアヴェッリの立論について、「その原理的人間像を前提にして「共和国」の成立を理論的に解決する作業は遂に挫折した」との厳しい判断を与えることになったのである（同：一七四）。

ただし、原理的人間像がその政治観においてどこまで貫徹されているのかを不断に問いつづけることによって、たとえ一度は特定の議論のうちに矛盾や破綻とも言うべき性格を見出しながら、しかし引きつづきこれを別の側面から「止揚」する可能性を秘めた新たな論点に移行することで、改めて矛盾の解消が図られるというのが本書のもう一つの特徴である点にも注意が必要である。たとえば、先の「挫折」につづく箇所では、共和国の目的としての対外的な「拡大」という新たな論点を導入することによって、マキアヴェッリの政治観においてあくまで共和国論はサブシステムとして取り込まれているに過ぎず、最終的にstato的論理の優位のもとで論理的な一貫性を維持し得るとの新たな説明が補足されている。ただし同時に、立法者の「内面的葛藤」というかたちで先の矛盾はその章の最後まで尾を引いていることを加味するならば、やはりその原理的人間像が軍事論や共和国論とのあいだで矛盾を来しているとの当初の指摘それ自体の重要性もまた揺るがないであろう（同：一九八）。

ここまでの議論を踏まえるならば、イデオロギーの時代に隆盛を誇った学問分野において、あえて最もイデオロギーから離れた思想家を対象としながら、しかしその原理的認識がどこまで貫徹されているのかを厳しく問うという二重三重の緊張関係を孕んだかたちで展開された佐々木のマキアヴェッリ研究は、論理的矛盾や破綻をその内部に抱えざるを得ないほどに斬新な認識でもって眼前の政治的現実に立ち向かった一人の政治学者としてのマキアヴェッリの姿を鮮やかに描き出すことに成功したとの総括を与えることができるであろう。

四　前後の研究動向との関係

前節で概観したような特質を備えた佐々木のマキアヴェッリ研究は、その前後に位置する国内および国際的な研究動向とのあいだでいかなる関係に立っていたと評価できるであろうか。第一に「シヴィック・ヒューマニズム」という概念の生みの親であるハンス・バロンの重要な研究を、その後に控えていた世界的な流行に先駆けて、それも批判的に紹介していた点がまず指摘されるべきであろう (Baron, 1966 [1955])。佐々木自身、図書館でのバロンの著作との偶然の出会いが自らの助手論文の構想を決定するにあたっていかに決定的であったのかを様々な場面で振り返っている (佐々木、二〇一八)。評者の私見によれば、おそらくその著作を読んだことで得られた刺激によって初めて、丸山やヴェーバー、さらにはマイネッケの影響のもとで形成されてきたマキアヴェッリをめぐる当時の日本にあって支配的であった問題系から一歩進んだ新鮮な議論を展開するための見通しが立ったのではないかと推察される (マイネッケ、一九六〇)。

そして佐々木が、バロンが発掘したようなルネサンス期における共和主義思想との関係も意識しながら、しかしのちにバロン自身やつづくポーコックなどがマキアヴェッリとこの先行する伝統を順接のうちに結んだのとは対照的に、むしろマキアヴェッリをこのように「共和主義の媒介項」として「巨大化」させる一般的な動向には反する読み方を提起していたことも着目に値する (佐々木、二〇一八)。「ゾーン・ポリティコーン」という人間観の受容如何を基準として、マキアヴェッリを彼以前の伝統から切断してみせた佐々木の態度は、現代の研究水準から振り返った際には、とりわけアリストテレスの政治学や人文主義の共和政論との差別化という観点において、結果的に慧眼であったと評価できるであろう。

第二に政治思想史研究の方法論として、本書がその後の研究に与えた影響が検討されるべきであろう。当時の国内における書評においても、一方で「全篇を貫く方法論的明快さ」に称讃の声が寄せられたのと同時に、他方で原理的人間像の論理的貫徹如何にそこまで拘る必要があるのかといった懐疑的な反応も見られた（清水、一九七一：西村、一九七一）。いわゆる「ケンブリッジ学派」と総称されるようなコンテクストを重視する方法論がのちに国内外で広がっていったことを踏まえれば、思想の解明を「人間と状況との分析」にもとづく「動機の発見」を中心として進める研究のあり方を批判することで構築された佐々木の方法論は（佐々木、一九七〇：二四、註四四：カッシーラー、二〇一八：二一七）、大きな図式としてはテクスト主義的な特徴を有していたと振り返ることもできるであろう。

ある思想家について人間観に基礎づけられた原理的認識としての政治観を読み手が外在的に再構築しながら、その過程において思想家自身が必ずしも問題視していなかった論理的な破綻や矛盾を指摘していくという解釈の方法論は、スキナーが批判したところの「学説の神話」や「一貫性の神話」と裏面からとはいえ、部分的に重なる前提に立っていたとも考えられる。現に佐々木は、のちにコンテクスト主義の旗手としてのスキナーについて批判的検討を加える「研究ノート」を書くことになるが（佐々木、一九八一b）、その動機としてスキナーによる批判が自らの研究にも関係する部分があると感じてこれに再反論を試みたといった側面も指摘可能であろう。そこで佐々木は、スキナーの方法論が「ドグマティズムに陥った」ことを指摘したうえで、こうした方法論の実践的な応用可能性に対して鋭い批判を向けたのである。

佐々木のマキアヴェッリ研究は、六〇年代の日本という特定の歴史的時点において、イデオロギーというものに対する独特な緊張感と距離感をもって展開されるに至った。そのことにより本書は、前後に位置する国際的な研究動向との関係においては、内容と形式の双方に見られる一面における先見性と他面における存在拘束性に影響されながら、前後の文脈からは切り離された固有の特徴を帯びることになった。しかし裏を返せば、その後およそ半世紀にわたって支配的な位置を占めてきた「ケンブリッジ学派」に代表される動向に対する新たな展開が切実に待望されている近年において、改めて立ち返るべき視点がそこに秘められているとも言えるであろう。評者が見据える一つの道は、外在的にマキアヴェッリのうちに矛盾を見出すのではなく、むしろマキアヴェッリ自身が外の世界を前にして感じていた矛盾を自らいかに解決しようと試みていたのかを丁寧に解き明かす姿勢である（村木、二〇二五）。

五　対立と制度

本書『マキアヴェッリの政治思想』は、その緊張感に満ちた筆致と独創的な方法論によって、今なお時代を超えて読まれるべき古典でありつづけている。そして同時に、そこに見られる「緊張」や「方法」がほかならぬ時代の産物であったことも、またその名著たる所以であろう。マキアヴェッリがその原理的な人間像と共和国を樹立するという目的との矛盾に直面して、結果的に「リーダーへの苦渋に満ちた信頼を「政治学」の中心概念として登場させた」との評価を与えてみせた佐々木の背後には（佐々木、一九七〇：一七七）、ヴェーバー的な「指導者民主制」がもたらしたイデオロギー中心の政治に振り回された六〇年代という時代の雰囲気も透けて見える（佐々木、二〇二〇）。

本章を終えるにあたって、一人のマキアヴェッリ研究者として評者が最後に指摘しておきたいのは、先に丁寧な引用も伴いながら紹介したマキアヴェッリの共和国論の破綻を示すにあたって重要な位置づけを与えられた議論における、佐々木による「省略」をめぐる問題である。ここで佐々木は、その解釈を『リウィウス論』第一巻の第四章における「かかる良き模範〔＝virtù の卓越した模範：引用者註〕は良き教育 buona educazione から生まれ、良き教育は良き法 buona legge から発生し〔…〕」という一文をもって根拠づけている（佐々木、一九七〇：一八〇、註一五：一九四、註一五）。しかし、実際にマキアヴェッリの原文を繙くと、その先に「〔…〕そして良き法は多くの人々が見当違いに非難している対立 tumulti から生まれる」との重要なつづきが控えていたにもかかわらず、佐々木がこれをあえて省いたまま引用を中断させていたという事実に気づかされる。

ここでいう「対立」とは、古代ローマにおける貴族と平民の対立を指しており、『君主論』に限定されない思想家としてのマキアヴェッリの本領は、こうした社会的な次元における対立との関係で「政治制度 ordini」について考える新たな道を切り拓いたことにも見出される（村木、二〇二四）。そして半世紀を経た視点の優位を承知のうえであえて言うならば、この対立と制度の相互作用のうちにこそ、実際には善良な立法者の助けなしに偉大な共和国を築くことができたローマ成功の秘訣と、そして新たな人間像にもとづくマキアヴェッリの共和国論を矛盾や破綻なく解釈するための鍵が隠されていたように思われる。

佐々木が見出したような論理的な矛盾を解消できる可能性がここに秘められていたという意味にお

いて、確かにこの「省略」は重大な意味をもっていたと言わざるを得ない。しかし当然のことながら、二〇一〇年代以降のマキアヴェッリ研究においてようやく適切な関心が向けられるようになった「対立」という論点を回避したことは、決して佐々木個人の責任ではない。むしろ、イデオロギーの時代にあっては否が応でもマルクス主義的な階級対立をめぐる議論と結びつけられたであろう貴族と平民の対立という論点に触れなかったことは、当時の政治学の状況と課題を踏まえた際には、政治学史研究としてマキアヴェッリを扱うにあたって避け難い選択であったようにも思われる。

さらに興味深いことに、この対立と制度をめぐる議論は、それが必ずしもマキアヴェッリ研究というかたちではなかったにせよ、のちに佐々木が平成の選挙制度改革に携わる過程において改めて提起されることになった。そこで佐々木は、特定の政党やイデオロギー的な立場に与することなく、むしろ制度改革を通じて政党間での「対立」を活性化させるという議論を展開することによって、従来の「心構え論」に過度に傾斜していた政治改革論に転換をもたらすとともに、日本の政治学において「制度」をめぐる新たな学問的な探求を促すことに貢献したのである（酒井、二〇二四：一九二）。

それは、マキアヴェッリについて「機構 ordini 信仰の不存在」を指摘していた頃には、佐々木自身にとっても想像し得なかった未来であったであろう（佐々木、一九七〇：一七二）。しかし、本来的には「制度」の思想家としての側面も有していたマキアヴェッリのテクストに学問的に真摯に向き合った経験は、それから時を経て制度改革という政治的な実践に携わった際の佐々木を陰に陽に支えていたはずである。そしてそれは、丸山による政治学者に対する訓戒に改めて向き合いながら、六〇年代には時代の要請として省略することになった一文を、また新たな時代状況において読み直すことを期せずして意味していたのかもしれない。

文献

碧海純一、一九七〇、「科学的認識と価値判断との関係についての覚えがき――佐々木毅助教授の批判に答える――」『国家学会雑誌』八三巻一・二号
カッシーラー、エルンスト、二〇一八、『国家の神話』宮田光雄訳、講談社
酒井大輔、二〇二四、『日本政治学史』中公新書
佐々木毅、一九六九、「マキアヴェッリ論――生誕五百年によせて」『世界』二八六号
佐々木毅、一九七〇、『マキアヴェッリの政治思想』岩波書店
佐々木毅、一九七八、『人類の知的遺産二四　マキアヴェッリ』講談社
佐々木毅、一九八一a、『近代政治思想の誕生――一六世紀における「政治」』岩波新書
佐々木毅、一九八一b、「政治思想史の方法と解釈――Q・スキナーをめぐって」『国家学会雑誌』九四巻七・八号
佐々木毅、一九八七、『いま政治になにが可能か』中公新書
佐々木毅、二〇〇九、『政治の精神』岩波新書
佐々木毅、二〇一二［一九九九］、『政治学講義』第二版、東京大学出版会
佐々木毅、二〇一五、「福田歓一先生と私」（上廣倫理財団編『わが師・先人を語る2』弘文堂、所収）
佐々木毅、二〇一七、『知の創造を糧として』秋田魁新報社
佐々木毅、二〇一八、「時代の証言者　学問と政治　一―三三」『読売新聞』二〇一八年九月一三日―一〇月三〇日朝刊
佐々木毅、二〇二〇、「解説「それにもかかわらず」の精神」（マックス・ヴェーバー『職業としての政治』脇圭平訳、岩波文庫、所収）

佐々木毅、二〇二二、「語る　人生の贈りもの　一―一三」『朝日新聞』二〇二二年七月二六日―八月一二日朝刊

佐々木雄一、二〇二二、「一九九〇年代日本におけるリーダーシップ待望論の諸相――小沢一郎と佐々木毅」（前田亮介編『戦後日本の学知と想像力――〈政治学を読み破った〉先に』吉田書店、所収）

清水純一、一九七一、「《書評》原理と状況――佐々木毅『マキアヴェッリの政治思想』」『思想』五六二号

西村貞二、一九七一、「佐々木毅著『マキアヴェッリの政治思想』」『史学雑誌』八〇編八号

福田歓一、一九七〇、『近代の政治思想――その現実的・理論的諸前提』岩波新書

マイネッケ、フリードリッヒ、一九六〇、『近代史における国家理性の理念』菊盛英夫・生松敬三訳、みすず書房

丸山眞男、二〇〇六［一九六四］、『現代政治の思想と行動』新装版、未来社

村木数鷹、二〇二二、「岡義武とマキャヴェッリ――現代版『君主論』の彼方へ」（前田亮介編『戦後日本の学知と想像力――〈政治学を読み破った〉先に』吉田書店、所収）

村木数鷹、二〇二四、「ネグリに抗するマキャヴェッリ――マルチチュードをめぐるオルタナティヴを求めて」『現代思想』二〇二四年五月臨時増刊号　総特集＝アントニオ・ネグリ』

村木数鷹、二〇二五、「マキャヴェッリアン・パラドックス――歴史的範例を扱う新たな方法論と近代政治学の誕生」博士論文（東京大学）

Baron, Hans, 1966 [1955], *The Crisis of the Early Italian Renaissance: Civic Humanism and Republican Liberty in an Age of Classicism and Tyranny*, revised one-volume edition with an epilogue. Princeton.

Pocock, J. G. A., 2003 [1975], *The Machiavellian Moment. Florentine Political Thought and the Atlantic Republican Tradition*, with a new afterword by the author. Princeton.（田中秀夫ほか訳『マキァヴェリアン・モーメント：フィレンツェの政治思想と大西洋圏の共和主義の伝統』名古屋大学出版会、二〇〇八年）

第七章　戦後政治学史における「政治的なもの」の模索

——藤原保信『政治理論のパラダイム転換』、佐々木毅『政治学講義』

上村剛

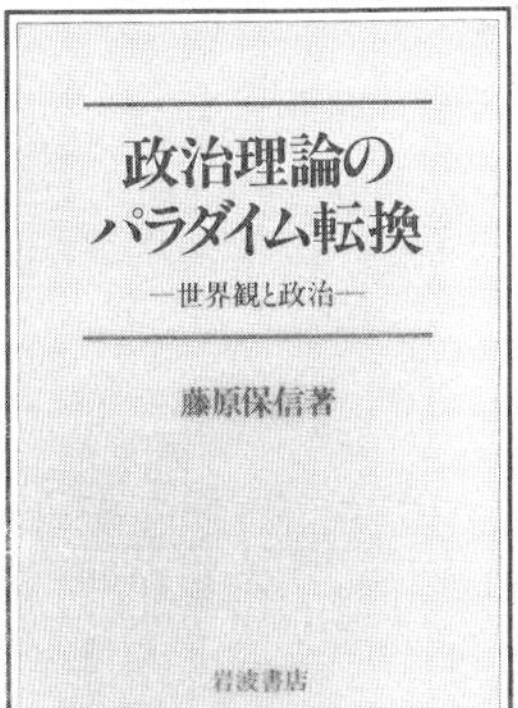

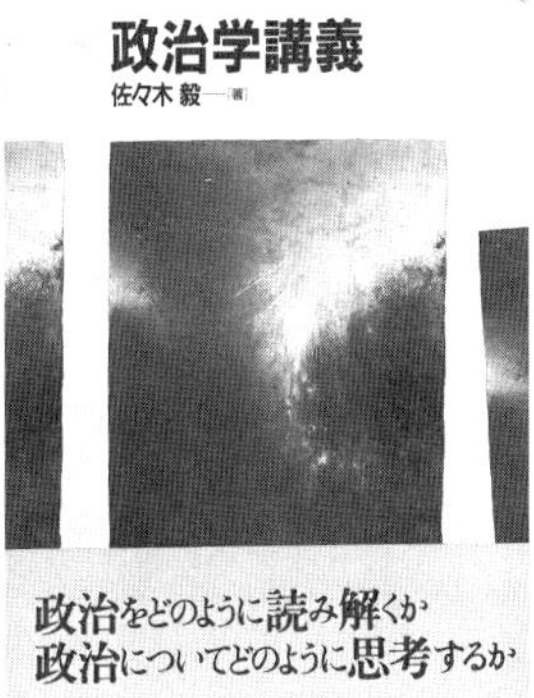

一　はじめに

「「政治」という語が「政治的なるもの」を直接的には表さないという語法上の変化が如実に示すように、「政治的なるもの」とはもはや変質し、見失われてしまったものである」――一九八〇年代の終わりに書かれたある文章には、このように記されている。「政治的な（る）もの（the political）」の喪失と、その慨嘆。それは第二次世界大戦後の政治理論の、ある種の通奏低音だった。川崎修によれば、「一九世紀初頭における旧実践哲学の解体以降、政治学の歴史は空洞化の歴史だった」（川崎、二〇一〇：八）。マルクス主義との対抗かつ共存という関係を筆頭に、政治理論は「政治的なもの」の優位性をなお保とうと模索した。政治は経済や社会へと還元されるものである、というマクロな知の趨勢に抵抗した。

とりわけ第二次世界大戦は、自由民主主義陣営における理想の喪失を意味した。ピーター・ラズレットの有名な「政治哲学の死」という宣言に対して、イギリスではジョン・プラムナッツが「政治理論の有用性」（一九六〇年）で批判的に応答した。他方、アメリカの政治理論に対するペシミズムは、はるかに深刻だった。ジュディス・シュクラーが『アフター・ユートピア』（一九五七年）を書き、レオ・シュトラウスは「政治哲学とは何か?」（一九五七年）と問い、シェルドン・ウォーリンがシュトラウスへの対抗意識のなか、いわゆる「バークレー学派」を嚮導した（Ball, 2017）。ジョン・ロールズもプラムナッツやウォーリンの検討を通じて、政治哲学の伝統（あるいはその消滅）について思考を強いられた（Bejan, 2021: 1061, 1070-1071）。今日、多くの政治哲学史にとって一九五〇年代の「政治哲学の死」は、ロールズの『正義論』のインパクトを轟かせるための序奏曲のようになっているが、[1] アーレントやシュクラーなど、ヨーロッパから命懸けでたどりついた亡命者が感じた危機感は、想像を絶する。

このような第二次世界大戦後の政治理論は、同時代の日本の政治学の展開を大きく規定した。たとえば奈良和重はいち早くそうした展開を受容し、全体主義との対決のなかでいかに政治理論が今日可能か、を検討した。ウォーリンの主著『政治とヴィジョン』は、尾形典男、福田歓一、有賀弘らによる翻訳が一九七〇―八〇年代にかけて刊行された。ウォーリンをバークレーに訪ね、影響を受けたバーナード・クリック（Adcock and Bevir, 2007 : 224-228）の『政治の擁護』（一九六二）が前田康博の訳によって刊行されたのは一九六九年のことである。「不当な暴力をもちいずに、分化した社会を支配する方法」（クリック、一九六九：一五一）と政治を定義し、社会よりも政治を上位に置くクリックの政治概念について、序文を書いた福田歓一は「日本では正確にこれにあたるものを考えることができない」（同、viii）と、政治の不在を嘆く。

一九三五年生まれの藤原保信と、一九四二年生まれの佐々木毅は、そうした潮流のなか、異なるかたちでアメリカの政治学と対峙し、自らの政治理論を深化させた。本章は、二人の政治理論を、とくに「政治的なもの」を主題として検討するものである。編者に要請された分析対象は『政治理論のパラダイム転換』（一九八五年）と『政治学講義』（一九九九年）だが、後者の政治概念の独自性は一九八〇年代の論考の読解なしには理解困難ゆえ、それらに多くの紙幅を割く。

二　藤原保信にとっての危機の克服

『政治理論のパラダイム転換』は、一九八五年九月に刊行された藤原の単著である。序の「危機と政治理論」というタイトルが表すように、人類史上の危機に対応するための政治理論の不在を批判し、独自の理論構築を目指して公刊された。

現代の危機とは何か。核戦争や、「空気、水、土壌、食物の汚染にはじまり、緑の喪失と土地の流失、第三世界における飢餓の状態、さらには、管理社会における精神の荒廃、等々」だという。それは「人類の――いな地球上のあらゆる生命の――存続が問われている未曾有の人類史的危機である」（藤原、一九八五b：vi）。

危機に対して政治理論もまた、復活を遂げねばならない。現状、政治理論は没落しており、それは「政治学者の怠慢の現われ」（同：v-vi）だと厳しく藤原はいう。ゆえに、これまでの政治理論を総体として乗り越えるような新しい方向が切り開かれねばならない。

政治理論の復権を企図する藤原が論じるのは、シュトラウスとロールズである。まず、「政治的なもの」についてのシュトラウスの見解が、一九六二年に刊行された『政治の科学的研究をめぐる諸論文』に即して紹介される。アリストテレスの古い政治学と現代の新しい政治学が比較され、前者に軍配があげられる。

古い政治学の長所の一つとしてあげられるのは、「政治的なもの」の概念である。すなわち、ポリス的動物である人間にとって、「政治的なるものは独自の存在 sui generis であり、政治以下《サブ・ポリティカル》のものからの派生物ではなかった」(同:五)。

これに対して、「新しい政治学は一種の形式主義(formalism)であり、それによって現実の政治そのものにたいする有意性《レリヴァンス》を喪失してしまった」(同:六)と批判される。

シュトラウスのこのような政治学の新旧比較は、古典的な政治哲学への復帰を訴えるものではない。重要なのは、「すべての政治行動が、善についての同一の思考を含意」するととらえることであり、「善についてのさまざまな思考が対立し相争っているがゆえに、そこに政治が生まれ、したがってまた政治哲学が必然化される」(同:一二)ことである。政治哲学は一般の人々の善についての探究なのである。そうすることで、政治は「政治哲学的意識に媒介された市民のロゴス的結合関係」(同:三二)となる。「古典的な原理の理解は、あくまでもわれわれの社会とそこにおける支配的な知の病理を抉り出し、新たな方向転換をするための出発点にすぎない」(同:三六)のである。

このようなシュトラウス流の「政治哲学の復権(1)」につづき、ロールズの「政治哲学の復権(2)」が論じられるが、藤原の評価は決して高くはない。[2] 正義の問題に注力することによって、「善の問題」が「既存の社会の規定のままに放置され」(同:八二)、反省的な契機を含まないからである。

これらの議論を踏まえ藤原は、自らの新たな政治理論の展開の方向を、自然と社会の有機的連関のうちに、自然観、人間観、政治観、学問観のすべてにおけるパラダイム転換をはかるものと主張する。

このうち、政治概念について藤原が強調するのは、権力政治観を超えるというものである。機械論的な自然観を前提とした政治学の概念規定、たとえばラズウェル、ダール、イーストン（藤原は直接授業で教わった）の政治概念が順に批判的に紹介され、「ここでは政治学は、よき行為やよき関係に向っての行動の動機づけという意味での規範性を失う（政治学者はもはや、アリストテレス的な意味で善き人である必要もない）」（同：一六四）と嘆かれる。そこに藤原は、「政治学が市民の脱政治化と社会の管理社会化を進めるものとして機能する危険」（同：一六四―一六五）を看取するのである。

もちろん、権力政治観を超える政治理論は、シュトラウス、ロールズ、ハーバーマス、アーレントらによってすでに展開されてきた。だが藤原にとってそれらはなお不十分とうつる。目的論が不在だからである（同：一六六～一七一）。ゆえに、人間が本質的に他者と相互依存の関係にあるという人間観を反映させ、「よりよき関係を求めての人間の相互的な意思決定の場」としての政治観を藤原は模索するのである。さすれば真の公的空間への回復への道も開けてくるのである（同：一七二―一七三）。

藤原によれば、これは日本においていまだ果たされていない。戦後日本の政治学の代表的存在、丸山眞男についても、「政治観が圧倒的に権力としてのそれに集中」（同：二二〇）すると藤原は指摘し、「目的なり価値の世界は背後に退いて」（同：二二一、傍点は原文）しまうと批判するのである。丸山の「政治的リアリズムにある種の違和感を抱きつづけてきた」（同：二五四）という藤原にとって、「現実の政治の利害と権力への頽落を克服するひとつの道は、言葉のよき意味での現実を媒介した政治的アイディアリズムの復権である」（同：二二二）。

先述のように、『政治理論のパラダイム転換』は一九八五年に刊行されたが、危機についての思考の嚆矢は一九七八―九年のオックスフォードならびにエアランゲンへの留学に求められる。その様子は一九七九年の『政治哲学の復権』[3]に詳しく、とくに二つの危機をめぐる思考が重要である。

一つは、タイトルにもなった政治哲学の復権である。これは英米圏の潮流として理解される（藤原、二〇〇七：二五二―二五三）が、とくにジョン・ロールズが一九七八年五月にオックスフォードで講演したときのインパクトが大きい。ロールズの正義論の背景にあるのは「一九六〇年代のアメリカ社会の危機（意識）」であり、対照的にイギリスと日本は「危機を哲学的に内面化するという契機」（同：二三七）を欠く、と批判される。「時には生命の危険にさらされながら、膚で感じとった危機の意識と極限的な体制への緊張」（同：二五三）こそ政治哲学を生み出すのである。

もう一つは、チャールズ・テイラーのヘーゲル研究の目的論的方向性、そしてドイツの実践哲学の復権からの影響である。藤原はテイラーのヘーゲル研究に触発されるかたちで、人倫の復権という目的を研究に組み込んでいく（同：二九二）。

一九七九年一月、藤原は前年にも一度会話を交わしたマンフレート・リーデル[4]を訪ねてエアランゲンに赴く。英米圏の政治哲学の復権と同様の学問的運動をドイツの実践哲学の復権に求めたのか（同：二三四）、『ヘーゲルの思想における理論と実践』読解を中心に、リーデルの思考を吸収した。またリーデルのシュトラウスに向けられた批判、すなわち現代を媒介せずに古典の回復につとめているという論点は、上記のシュトラウス論に流れ込んでいるとも解釈しうる。こうして藤原は、危機を乗り越える方向性を、ヘーゲルの人倫と、実践哲学の復権とに追い求めることになった。

この留学経験ゆえにこそ、帰国後の藤原は、現代の危機を正面から受け止め、それを乗り越える可能性を模索した。その政治理論観は、長い政治理論史の系譜のなかに位置づけられるものである。

一九八五年の四月に刊行された『西洋政治理論史』で藤原は政治理論の歴史を「それぞれの時代において、一定の危機に触発され、一定の問題をみずからの問題として受けとめつつ、その理論的解決を模索してきた過程」(藤原、一九八五a：五七二)と受け止める。これを承けて『政治理論のパラダイム転換』もまた印象的な一文で始まる。「偉大な政治理論は危機の時代に生まれた」(藤原、一九八五b：v)と。

三　佐々木毅にとっての政治的意味空間

藤原と同時代の一九八〇年代に、同じく「政治的なもの」の概念探究を、同時代の日本政治と向き合いつつ行ったのが、佐々木毅である。佐々木がいわゆる「論壇」に登場したのはこの時期だが、佐々木を駆り立てた動機はどこにあったのか。それは、ほかならぬ「政治的なもの」との格闘にある。たとえば、一九八二年一〇月の『思想』に寄せられた「思想の言葉」では、政治概念をめぐる「理論的枠組の転換」の必要性が訴えられている。従来の古典的自由主義のように政治と社会とを二元論的に対置し、一方では政治を利益と絡めた必要悪として、他方では社会をそこから離れた自発的なシステムとしてとらえる議論を、佐々木は否定的に論じる。くわえて、社会からの政治への批判も、「ウォーリンが指摘するように、〔…〕強制なき「社会」の理想を更に追い求めるか、あるいは組織や共同体といった局部的団体への個人の包摂をもたらしたに過ぎなかった」。つまり、政治的な概念は切離され、温存され、浮遊したままである。だからこそ、「政治という概念の洗い直しを行ない、先ず自由主義的枠組を一度取り払う必要が出てくる」。具体的には第一に、政治を「公的な、共通の、全体の事柄に関わるもの」と理解する。これは利益中心の政治観を拒否する。第二に、「権力、強制の契機を抜きにして語ることが出来ない」。つまり、一方では利益政治を拒否しつつも、盲目的に権力抜きの政治観も採用できない、という両義的なスタンスをとる（この段落の引用はすべて佐々木、一九八二b：六一）。

佐々木のこの主張に、ウォーリンの政治理論との類似性が看取しうる。否、佐々木だけではない。東京大学法学部の知的伝統のなかでウォーリン的なモーメントが、一九七〇年代以降、顕在化する。たとえば『政治とヴィジョン』が『西欧政治思想史』とのタイトルのもと、佐々木も含む東大法学部出身の研究者たちによって、一九七五年から一九八三年まで、五分冊として漸次刊行されたのはその代表例である。影響は政治学史分野にとどまらない。三谷太一郎が一九七八年一〇月号の『世界』に寄せた「政治社会の没落」はその例である。三谷は同年の *New York Review of Books* にウォーリンが寄せた論文[5]を紹介し、ウォーリンの「政治社会の没落という指摘」が「アメリカよりも、むしろ日本の現状をよりよく説明するのではないか」（三谷、一九七八：一三）と問題提起するのである。利益集団の跋扈によって、日本国憲法を頂点とする日本の「信条体系」と戦後政治学とが瓦解しつつあることへの批判である。

ウォーリン的な問題関心の日本への適用、すなわち「政治的なもの」の復権と、経済的利潤の追求と権力闘争を中核に置く政治学からの脱却。佐々木にもこうしたモーメントを看取することは容易である。この時期以降の佐々木の鍵概念たる「政治的意味空間」からそう解釈可能である。

政治的意味空間とは、「政治家を含め国民が多かれ少かれ共有する、政治や政策の基本原則や理念、イデオロギーなどから成る意味空間」（佐々木、一九八六：二八）と説明される。これこそ佐々木の目指すべき「政治的なもの」になるが、もともと初出の論考（佐々木、一九八四ｃ）では「政治空間」と名付けられていた。

この用語はどこから来たのか。同時期に政治（的）空間という用語を佐々木が用いた例を二つあげたい。まず一九八一年の『近代政治思想の誕生』では、マキアヴェッリの外交論の文脈で、古代ギリシアの政治哲学が「政治空間の拡がりに対応する理論的装置を全く欠いていた」（佐々木、一九八一：三九）と論じられる。ここで明示的に援用されるのはウォーリンが『政治とヴィジョン』第三章冒頭で描いた、古代ギリシア世界における「政治的なものの危機」の議論である（ウォーリン、一九七九：一五四―一七〇）。

くわえて、アメリカでの在外研究中に書かれた「現代アメリカ政治への一視角」（佐々木、一九八二ａ）でも、佐々木はレーガン政権への批判としてウォーリンの創刊した『デモクラシー』誌を紹介する。その文脈で「政治的空間」という用語が以下のように用いられる。

> 権力が政治権力になるために必要な政治的空間の実現、「公共的世界」の再建こそは、六〇年代アメリカ政治学の中でさまざまな変奏を伴いながら展開された一つの基本的なテーマであった。その中心にハンナ・アレントがいることは疑う余地はないが、ウォーリンもまた早くからこの問題に関心を向けてきた。（同：五、傍点は上村）

つづけて佐々木は、一九八一年の一〇月のシンポジウムで、ウォーリンがアーレントの政治概念すらも「純粋政治的である点に狭きに失すると批判」(同：五) したと紹介する。以上から、ウォーリンの政治概念と佐々木の政治的意味空間論の連関が看取できる。また一九八六年一一月に書かれた『保守化と政治的意味空間』「はじめに」では、佐々木の「政治的なもの」は、「構造的危機」に対して「何よりも「政治の擁護」を目標」(佐々木、一九八六：viii-ix) にすると、クリックと共鳴するかたちで論じられる。

では、政治的意味空間論は、何と対抗するために掲げられたのか。先述の二つの用例の裏返しである。まず、田中角栄の裁判が同時代に進行していたことと関連して、権力政治、利益追求の政治との対抗である。「地元の利益」を重視する地元民主主義と利益政治は、政治が本来政治社会全体を検討するべきところ、却って断片化を推し進める (同：二九)。その結果、政策を議論する空間が存しなくなる。

第二に、国際化である。経済の自由化や国際的な競争といった新たな状況にどう対応するかは喫緊の課題である。だが、国内政治、とりわけ利益政治に腐心する政治社会論は、他国との経済摩擦に対応できない。それゆえ、国際経済原則を国民の了解のもとに確立する必要があるが、それは「〈政治的意味空間〉の次元でのみ解決」(同：三七) 可能である。

一九八七年の『いま政治に何が可能か』ならびに一九九九年の『政治学講義』においてあらわれる政治概念は、この議論の延長線上で理解可能なものである。

前者で佐々木は、権力をゼロか一かでとらえるのではなく、「飼い慣らす」重要性を訴える。権力に追従するのであれ反発するのであれ、権力のみに着目する政治観は、権力に対する適切な距離感を欠く。政治を「必要悪」ととらえたと思われているアダム・スミスにしても、政治的判断の可能な政治主体を追い求めていた。ゆえに今日の日本でも、政治社会の「現実」を解釈し、討論と説得による政治を行う政治的意味空間が希求されると佐々木は論じた(以上、佐々木、一九八七:八一―一〇九)。

この後政治改革の主体として活躍(この点の詳細な検討はここでは困難なため措く)した佐々木は、自らの政治概念を、一九九九年の『政治学講義』でまとめたが、基本的には一九八〇年代と同様の理路をとる。まず、権力や「諸価値の権威的配分」として政治を定義するダールやイーストンの政治概念が、狭隘であるとして退けられる(佐々木、一九九九:三七―四四)。それに対して、量的なものに還元できない「政治的なもの」を追求するウォーリンの議論が引用され(同:四五)、政治的主体の自由が強調される。それらを承けて、以下のように政治概念が論じられる。

> 共通の事柄、公的な事柄が複数の主体を介して営まれるところに政治の大きな特質があり、そこでは暴力行使がコントロールされるとともに、説得や討論に主たる舞台を委ねるような政治が展望されることになる。公的なるものと共通の事柄の現実における追求と、主体の自由と複数性との双方にこだわること、この二つの要素の間の独特の緊張関係こそ、政治の核心として揺るがせにできない要素である。(同:四六)

権力という現実を峻拒することもできず、以上のような政治概念を背負って、政治的意味空間を構成するのはわれわれである。「政治判断を可能にするとともに、それによって「構成」される」（同：四）ような政治的意味空間の希求――それこそアメリカ政治学との共振のなかで佐々木が模索した政治理論の一つの到達点だったのである。

四　両者の比較

以上のような藤原と佐々木の同時代の「政治的なもの」をめぐる探究は、興味深い異同を含んでいる。以下三点に分けて論じたい。

第一に、両者ともに、西洋の政治理論史、もしくは政治学史と呼ばれる知的系譜のなかで現代の政治概念の再検討を行った。それは歴史研究にとどまるものではない。藤原が政治理論史のうちに「われわれ自身の問題に答える新しい政治理論の可能性」（藤原、一九八五a：一五）を模索すれば、佐々木もまた政治学史、とりわけプラトンの「『人間の共同体全体に配慮する技術』としてのポリティケー概念」（佐々木、一九八四b：四四四）の現代への応用を訴えるからである。二人が政治概念を再考する最中の一九八二年一〇月、日本政治学会では「政治思想における古代と近代」というセッションがくまれ、佐々木と藤原の二人が報告した（司会は有賀弘、討論は佐々木武と小野紀明）。藤原は人倫共同体の再興を目指すヘーゲルの政治哲学を、佐々木はギリシア世界の政治論を、近代政治思想との比較において論じた。それぞれ『ヘーゲル政治哲学講義――人倫の再興』（一九八二年）、『プラトンと政治』(一九八四年)と重なる両者の知的交錯は、それぞれの「政治的なもの」の再興の模索の交錯だった。[7]
第二に、両者はそのような歴史的系譜の末尾に、アメリカの政治学を置いた。この点、最も接近するのはウォーリン的な議論である。藤原は『政治理論のパラダイム転換』執筆中の一九八三年に、完訳されたウォーリンの『西欧政治思想史』の書評を行う。ウォーリンの「政治的なるもの」論を藤原は取り上げ、「政治哲学を社会諸科学によって置き換えていく傾向を——ある種の危機の意識をもって——みる」(以上、藤原、一九八三)点で、藤原の危機意識とも重なるものである。
とはいえこれは、ウォーリン自身に藤原が影響を受けたというよりも(藤原の『二〇世紀の政治理論』に登場しないなど、決して重視されていたわけではない)[8]、経済が政治に対して優位に立つ戦後政治の日米の展開に対して多くの日米の政治学者が異議を唱えた、という大きな潮流のなかに定位可能なものである。約言すれば、ポスト行動論的なモーメントである。一九八三年に佐々木は、「ポスト・ビヘイヴィオラリズムその後」という論文で、ポスト行動論のさらにのち、どのようにアメリカ政治学が展開しているかを、クリスチャン・ベイ、ジョン・G・ガネル、ウィリアム・E・コノリーの三人を軸に論じた。たとえばベイの、人間の生存のための必要物確保に政治の正当性を見出す議論や、「真の政治の世界は心理的不安や社会的圧力の下に行動する人間の間には成立しない」(佐々木、一九八三:一四六、一四八)という議論が紹介されるとき、そのような政治観に佐々木、藤原との思想的共鳴を看取するのは容易い。またウォーリンの議論は、コノリーらのアメリカ保守主義批判——市場の擁護とは、資本主義による民主主義の毀損である、という批判——に通じるとも、佐々木にとらえられている(同:一五九、一六九注一〇七)。他方、『政治理論のパラダイム転換』の藤原も、シュトラウスの議論とポスト行動論およびウォーリンの方法主義批判との共通性を看取する（藤原、一九八五b：七）。さらにはベイの人間観を肯定的に論じる際、佐々木の「ポスト・ビヘイヴィオラリズムその後」が明示的に参照されるかたちで応答されている（藤原、一九八五b：一三七、二四一註七五）。外形的に藤原の政治理論がウォーリンに接近するとしても、それは藤原の諸要素の一つであり、その基礎は、ドイツの実践哲学の復権に支えられる。

第三は両者の差異である。新たな「政治的なもの」がもたらす具体的帰結はなにか。権力中心の政治概念の再考という動機において両者が共通するとしても、そこから導出される議論はまるで一致しない。あえて整理すれば、権力政治を超えた理想主義に走る藤原と、権力を飼い慣らすリアリズムの緊張にとどまる佐々木という対比になろう。藤原は、丸山批判に顕著なように、権力中心の政治的なリアリズムを拒否し、理想の善の構想へと思考を進めた。それに対して佐々木は、権力との適切な距離感を保ちつつ、政治的意味空間の構成を目指した、ということである。さらに、この対比に付随する特徴として、藤原には具体的な政治制度の構想が存しないのに対して、佐々木には、実践も含めた制度への関心が際立っている、とまとめられる。

五　おわりに

本章は、一九八〇年代の藤原と佐々木における、「政治的なもの」の探究をめぐる交錯と、その背景としてのアメリカの政治理論の展開を中心に検討したものである。

アメリカ政治学における政治理論を主導したウォーリンは、一九八八年九月からの数カ月間、日本に滞在した。早稲田大学での講演会をうつした一葉の写真には、藤原とウォーリンが並んでうつっている。[9] また、国際基督教大学でのセミナーは、その後の日本を代表する、若き研究者を集めた。[10] そのうちの参加者の一人にして、冒頭で引用した、「政治的なるもの」の消滅を批判的に検討した人物――それは川出良枝だった（川出、一九八九）。

文献

Adcock, Robert, Mark Bevir, 2007, The Remaking of Political Theory. in Adcock, Bevir, and Shannon C. Stimson (eds.), *Modern Political Science*. Princeton/Oxford

Ball Terence, 2017, Was There a Berkeley School of Political Theory?. in *PS: Political Science & Politics*, Vol. 50, Issue 3.

Bejan, Teresa, M., 2021, Rawls's Teaching and the "Tradition" of Political Philosophy. in *Modern Intellectual History*, Vol. 18, Issue 4.

ウォーリン、シェルドン、一九七八、『西欧政治思想史Ⅴ』尾形典男ほか訳、福村出版

ウォーリン、シェルドン、一九七九、『西欧政治思想史Ⅰ』尾形典男ほか訳、福村出版

川崎修、二〇一〇、『「政治的なるもの」の行方』岩波書店

川出良枝、一九八九、「「政治的なるもの」の運命――八〇年代のラディカル・デモクラシー」『創文』二九九号

クリック、バーナード、一九六九、『政治の弁証』前田康博訳、岩波書店

佐々木毅、一九八一、『近代政治思想の誕生』岩波新書

佐々木毅、一九八二a、「現代アメリカ政治への一視角」『ＵＰ』一一六号

佐々木毅、一九八二b、「思想の言葉」『思想』一九八二年一〇月号
佐々木毅、一九八三、「ポスト・ビヘイヴィオラリズムその後」『国家学会雑誌』九六巻五・六号
佐々木毅、一九八四a、「〈地元民主主義〉を超えて」『世界』一九八四年一月号（佐々木、一九八六に再録）
佐々木毅、一九八四b、『プラトンと政治』東京大学出版会
佐々木毅、一九八四c、「分断的政治システムに代る「政治空間」を求めて」『中央公論』一九八四年六月号（佐々木、一九八六に再録）
佐々木毅、一九八六、『保守化と政治的意味空間』岩波書店
佐々木毅、一九八七、『いま政治に何が可能か』中公新書
佐々木毅、一九九九、『政治学講義』東京大学出版会
千葉眞、一九八九、「現代国家と正統性の危機」『思想』一九八九年一〇月号
ハーシュマン、アルバート・O、一九八五、『情念の政治経済学』佐々木毅・旦祐介訳、法政大学出版局
藤原保信、一九八三、「書評　シェルドン・S・ウォーリン『西欧政治思想史』」『週刊読書人』一九八三年七月一一日号
藤原保信、一九八五a『西洋政治理論史』早稲田大学出版部
藤原保信、一九八五b『政治理論のパラダイム転換』岩波書店
藤原保信、二〇〇七、『藤原保信著作集・第七巻』新評論
松沢弘陽、二〇〇六、「私にとっての藤原保信と丸山眞男」（『藤原保信著作集［付録］』No. 7、所収）.
三谷太一郎、一九七八、「政治社会の没落」『世界』一九七八年一〇月号（同『二つの戦後』〔筑摩書房、一九八八年〕に再録）
森政稔、二〇一四、「シェルドン・ウォーリンと「脱近代」の政治」（同『〈政治的なもの〉の遍歴と帰結』青土社、所収）

註

（1）なおこのような見解に対する批判的な学説史として（Adcock and Bevir, 2007）。

（2）シュトラウスをロールズよりも高く評価する姿勢は、『政治哲学の復権』ですでに明らかである。これにつき（藤原、二〇〇七：三一九）

（3）一九七九年の初版が入手できなかったため、ここでは代わりに著作集版（藤原、二〇〇七）を使用する。

（4）なお、佐々木毅もまたエアランゲンで一九七四年に在外研究を行っており、リーデルの議論に接しているが、この点の検討は他日を期したい。

（5）一九七八年五月一八日号の"The State of the Union"と六月一日号の"Carter and the New Constitution"である。この論文は有賀弘が書いた、『西欧政治思想史V』の「訳者あとがき」（ウォーリン、一九七八：二一九）でも言及されている。

（6）なお佐々木は、アメリカ在外研究中に、アルバート・ハーシュマンの『情念と利益』に関心を抱き、自ら翻訳した（ハーシュマン、一九八五）。スミスやヒュームの情念や文明の問題は、政治的意味空間論の裏返しの関心として一九八〇年代に持続することになった。

（7）日本政治学会の情報は、『年報政治学』三四巻の学会報告欄、ならびに『日本政治学会会報』の三、四号に負った。

（8）松沢弘陽は同時代の証言として、「藤原さんの「政治哲学の復権」論［…］とウォーリンとのそれとに通じる面に注目し、藤原さんの議論の背景にあったドイツの政治哲学復権論とウォーリンの政治哲学の強調とのちがいを理解出来なかった」（松沢、二〇〇六：二）と述べる。なお、実践哲学の復権とウォーリンの関係につき（森、二〇一四：*010* 註六）

（9）『藤原保信著作集［付録］』No.9、二〇〇七年、六頁。

（10）当セミナー参加者の山岡龍一との会話によると、山岡ほか、木部尚志、福田有広、森政稔といったメンバーが参加し、ウォーリン自身の論文を批判的に検討する内容だったという。また（森、二〇一四［初出は一九八九］）、（千葉、一九八九）がそれぞれ同時代の貴重な証言であるほか、『世界』一九八九年二月号には、ウォーリン、鶴見俊輔、ダグラス・ラミスの鼎談も収録されている。

座談　「政治的なるもの」の運命　後篇——川出良枝×熊谷英人

「自由の余地」を求めて

熊谷　あらためてになりますが、修士論文のお話は意外でした。

川出　このままだともものにならないなって思いましたね。ちょっと研究者は無理かもしれないと。佐々木先生が「留学しなきゃ駄目だ」って背中を押してくださった。フランスに行ってフランスの学問に触れたというのは大きかったですね。それがなかったらアカデミアで生きのこるのは難しかったと思います。そこで師事したベンレカッサ先生は、ポスト構造主義の哲学や文芸評論などの影響を受け、極北とも言える独自の啓蒙論を確立された方。正直言って難解です。ただ、彼のお師匠さんはジャック・プルーストで、プルーストやお仲間のジャン・エラールなど、一八世紀研究のメイン・ストリームの研究手法を伝授してくださった。特に、ベンレカッサ先生は、読むべき文献の指南がすごかった。普通、教員が提供する文献リストは網羅的で無味乾燥なものが多いけれど、先生はその学生の研究計画の根幹に関わるもの、しかも良質なものだけを厳選された。忘れられません。藤原先生と同じく度量の大きな先生でした。私は一八世紀に自由市場経済が立ち上がっていく流れの中で貴族はそれとどう知的に格闘したか、といった人間くさい部分に面白みを感じていたけれど、先生のご著作にはアルチュセールに由来するような社会や歴史についての認識論的考察が展開していて、普通だったら接点は薄そうですけどね。

熊谷　留学経験の大きさについては、エッセイ(「人文学の聖地としてのフランス」『日仏文化』八四号、など)でも印象深く描かれています。ちなみに、先生はそのころにはすでに、歴史的アプローチで研究していこうと考えておられたのですか。

川出　その通りです。ただ、私の研究は純粋な歴史研究ではないだろうなとは薄々思ってます。モンテスキューを通じて何を明らかにしたいかと言えば、やはりリベラリズムの意義を明らかにしたかった。実は、ベンレカッサ先生も自由の問題にこだわられた方ですが、問題の立て方は違うかな。

熊谷　当時から「自由主義」の系譜にご関心があったと。

川出　うーん。自由主義と言ってしまうとやや誤解を招くかもしれないですね。何とか主義みたいな感じではないのです。人間にとって「自由」の余地を何らかの形で守っていこうとした思想の系譜に関心があるというべきか。

熊谷　先生のモンテスキュー研究に関していうと、博士論文(『貴族の徳、商業の精神』)のときにはアリストクラティックな側面が強調されていますが、その後はむしろ多元主義的な側面、リベラルな側面に力点が置かれているように見えます。

川出　モンテスキューの名誉観念については博士論文でひとまずやり切ったという思いがあります。ただ、今後さらにもっと広げて探求したいというひそかな野望もあります。

熊谷　先生のモンテスキュー論の水準の高さはいうまでもないことですが、他方で、モンテスキューはこれほどわかりやすい、明晰な思想家だったかな、という印象も受けます(笑)。どちらかというと、もっと茫洋とした、摑みどころのない思想家という気もします。たとえば、モンテスキューの「名誉」概念に関して、君主の命令に対してすら反抗するほどに誇り高い人間がいてはじめて自由が確保される、という読みが提示されています。なるほどと思う反

川出良枝氏

面、モンテスキューはそこまでロマン主義的かな、とも思います。あと、「権力意志」や「闘争」など、一見モンテスキュー的ではない、硬質な分析概念も印象的です（本書第十章）。

川出　鋭いですね。貴族の徳についての解釈は、レオ・シュトラウスの『ホッブズの政治学』で論じられた、名誉を重んじて死を恐れない貴族の承認願望をモデルとしているところがあります。この本で、貴族の徳が暴力的な死を恐れるブルジョワの徳に代替される過程を分析した部分はとりわけ迫力がありますね。一般に、テクストを読む場合、全集の校訂作業のような形で淡々と読むというだけでは駄目であって、そのテクストを現代に蘇らせる、というか、読み手がそこに新しい意味や魅力を付け加える必要があると思っています。佐々木先生の凹凸の話もそういうことだと思う。読み手がクリエイティ

ブに読まないと思想史は面白くない。ただ、そうした解釈上の冒険をしようと思ったら、逆に文献学的なところがきちっとしていることが大切になります。たとえば、草稿での記述や版の異同を無視している研究や、文脈上、明らかに著者が念頭に置いている対象があり、それに対して皮肉を言っているのにそれに気付かない研究などもある。そうした実証的な基礎固めが研究者の実力なのだけれど、だからといって、ずっとそれだけをやっていると面白い思想史にはならないですね。

熊谷　それと関連して言わせていただきますと、たとえば、シェルドン・ウォーリンの思想史論は文献学的精度についてはよくわかりませんが、非常に独創的な思想史叙述になっていることはたしかです。一九八八年の秋、博士課程在学中の川出先生は当時来日していたウォーリンの演習に参加されていますが、どのような演習でしたか。

川出　主催されたICUの千葉眞先生が広く参加を呼びかけてくださったおかげで、研究者の卵たちには宝物のような機会となりました。論文集 *Political Theory : Trends and Goals* に所収のものを中心に、彼の主要論文を参加者が分担して報告し、ご本人と議論する形でした。

熊谷　ウォーリンの印象はいかがでしたか。

川出　書かれた本人を前に批判的なコメントをしても、逆に膝を乗り出して大喜びされるという方。大らかでたくましい知性でした。

熊谷　ウォーリンは一九八〇年代以降の日本の政治思想研究に大きな影響を及ぼした、といわれます（本書第七章）。従来の利益政治的な政治観とは明確に異なる、古典古代を原型とする「政治的なるもの」という切り口は当時、新鮮だったのでしょうか。

川出　佐々木毅先生の『プラトンと政治』（東京大学出版会、一九八四年）もあったわけですから、それはその通りだと思います。

熊谷　ただ、先生はどちらかというとウォーリンに批判的です。アーレントやウォーリンにみられる、古典古代的な「政治」の復権をはかる構想には、根本的な無理があると指摘されています（「「政治的なるもの」の運命」『創文』二二九号）。『貴族の徳、商業の精神』においても、モンテスキューの共和主義的解釈に対して冷淡な印象を受けます。古典古代的な「政治」を重視する議論——ウォーリンはその最も洗練されたヴァージョンといえましょうが——には全般的に懐疑的なのでしょうか。

川出　経済システムから切り離した純粋培養的な「政治的なるもの」を論じることに意味があるのか、というのが素朴な疑問でした。学部の頃から一貫して経済学に関心をもっていましたし。他方、古代的な政治の再評価という発想それ自体を否定するとか、古代的なものに意味がないという考えではありません。とはいえ、当時はみなさん共和主義的なものになだれ込んでいくという状況がありましたからね。それこそ川崎修さんのアーレント論もあれば、佐々木先生の『プラトンと政治』や『いま政治になにが可能か』（中公新書、一九八七年）などもそう。ポーコックが人気だったのもその一環。

熊谷　ちょっと距離を取りたかった、ということでしょうか。

川出　そうね。公共空間の回復は、古代型モデルでも実現できるかもしれないけれど、もっと地に足のついた別のルートもあるんじゃないかな、といった気持ちです。プルタルコスの描いた古代の英雄を持ち出さなくても、初期近代のヨーロッパであれば、貴族の名誉感情やキリスト教的な徳もあり、東アジアにもそれに通じる発想はありますよね。自分たちのまわりにある、日常的に存在するものでも同じような機能を果たし得るのではないでしょうか。ギリシア・ローマを過剰に特権化する風潮に逆らってみたかった、ということかもしれません。さらに言うと、みんなで政治に参加してそこで権力なしに共通了解がつくられるという発想が古代型だとすると、ホッブズ＝ヴェーバーの認識、つまり人間は法律や命令に自発的に従う存在ではないから、政治においては最終的には物理的強制力が担保されなければならない、という認識が別にある。それを近代型と言って良いかどうかは分かりませんが、そこでは政治は厄介なもの、危険なものを抱えていて、だからこそ、その現実を受け入れて自由の余地を必死で守らなければいけないという発想が出てくる。はじめから権力なるものが本来存在しない状態が理想であるというのとは違う。ホッブズやヴェーバーの認識の方が自分にとってはリアルです。

熊谷英人氏

現実をとらえるアプローチ

熊谷　一九九四年には大学院を修了し、放送大学に就職します。

川出　放送大学は阿部齊先生を中心に風通しがよかったです。理系の人もいれば、文系の人もいてね。そのころの放送大学はまだ全国化しておらず、学習センターも関東だけでやっていました。だから放送を通して授業を行う大学だけど、学生との接触が結構密だった。『三酔人経綸問答』で卒業研究を書いた父親より高齢の学生さんなど色々な方と出会って、視野が広がりました。教科書を書くのも楽しかったです。

熊谷　そこから今度は一九九七年に、半澤孝麿さんの後任として南大沢の東京都立大学に移られるわけですね。

川出　放送大学には四年半、東京都立大学法学部には七年半在職しました。都立の大学院には半澤先生のお弟子さんも残っていて、私が着任してからは小畑俊太郎さんも来られた。日本政治思想史の宮村治雄先生のところにも元気の良い院生がたくさんいました。宮村先生と御厨貴先生と水谷三公先生で「３Ｍ」と呼ばれていた。毎月開かれた政治学総合演習では専門の壁を越えて切磋琢磨しました。

熊谷　都立大時代にはアメリカで在外研究をされています。フランスのイメージが強いので意外です。

川出　もともと大学院のときにアメリカで研究したいという気持ちもあったので。行ったのはクヌート・ハーコンセンがいたボストン大学でした。ハーバード大学にはマイケル・サンデルやリチャード・タックがいました。

熊谷　豪華なメンバーですね。

川出　充実していました。サンデルのいわゆる「これからの『正義』の話をしよう」の講堂授業にも参加したし、ハーコンセンのゼミではプーフェンドルフを読みました。タックはメールで何回連絡しても返事が来ないけれど、直接会って話せば優しいという不思議な方。ついでにいえば、東大での在外研究ではケンブリッジに行き、ジョン・ダン氏に大変お世話になりました。フランスには資料調査のために毎年必ず短期で出かけていたので、見聞を広げたいという動機もありました。

熊谷　ところで、都立大学時代はたいへん厳しい先生だったという証言もありますが…（笑）。わたしは東大着任後のお優しい先生しか存じあげないので、ちょっとイメージしにくいところではあります。

川出　都立から東大に移った時期に指導スタイルが大きく変化したことはなかったと思うから、きっと受け取り方の違いでしょう（笑）。若いときは一般に要求水準が高くなる、というのはあったかも。教員というより先輩気分が抜けない。研究対象の本国で通用するようなグローバルな研究者にならないと駄目だとハッパをかけたことは確かです。

熊谷　先ほどおっしゃっていたように、放送大学から都立大学時代にかけては、教科書を多く手掛けられておられますね。『西洋政治思想史』（山岡龍一との共著、二〇〇一年）や『政治学』（共著、有斐閣、二〇〇三年）などがあります。

川出　共同作業の楽しさを満喫しました。山岡龍一さんはウォーリンゼミ以来の長年の友人で、逆に、有斐閣の『政治学』は、バックグラウンドが多様でも、なぜか響き合ってしまう新しい仲間たちとの出会いの賜物。そのときの経験は、後年の谷口将紀さんたちとの共著『政治学』（東京大学出版会、二〇一二年）にも活かされています。

熊谷　教科書を書くにあたって意識されたことはありますか。たとえば、さきほどの『西洋政治思想史』はテーマ別に構成されています（本書第九章）。

川出　それは自覚的に、ですね。二人でこれまでの主要な教科書を分析して、新しい試みに挑戦してみようじゃないか、ということで企画しましたから。

熊谷　政治思想研究は歴史学的な研究方法の定着にともない格段に精緻になりましたが、その一方で全体像を描くことが難しくなった。通史叙述の可能性について、先生のお考えをうかがいたいです。

川出　そもそもケンブリッジ学派のような方法論では昔ながらの通史は成り立ちませんよね。ポストモダンの影響などもあったので、古典中心の哲学史が無批判にありがたがられる時代ではなかったです。『西洋政治思想史』で実践したように「政治と性」のようなテーマを立ててそこから接近することではじめて明らかにできることもあります。ただ、実は人物中心の通史の魅力も捨てがたく、本格的な通史はこれから書いてみようと思っています。

熊谷　その際、通史の軸はどうなるのでしょうか。福田歓一の場合は「近代政治原理」（近代民主政と国民国家）であり、藤原保信は自然観を重視していました。半澤孝麿さんの場合であれば、「自由」ですね。いずれにせよ、研究が精緻化するとどうしても通史叙述が難しくなるのは、否定できないところです。

川出　おっしゃる通りで、それぞれの思想家についての研究はそれぞれの内的論理で進んでいますからね。古代から近現代まで、何か一貫したストーリーを当てはめるというのはますます難しいかもしれない。たとえば「公共善」や「平等」といった概念やテーマによる通史は比較的やりやすいかもしれないけれど、それだと個々の思想家の議論の一部しかすくい上げることができない。かといって、哲学史上の「大物」だけを選んで詳しく論じても、既存の図式の焼き直しになるか、あるいは単なる寄せ集めになりそうで。そういう点で言うと、ウォーリンはよくやられたと思います。

熊谷　ただ、ウォーリンの場合、古典古代の「政治」を軸に据えた帰結として、衰退史観になってしまっている。「近代」は「政治的なるもの」が失われる時代として、否定的に評価されざるをえなくなる。実際、その点を先生は厳しく批判されていたわけです。

川出　私は「近代、未完のプロジェクト」派だからね（笑）。

熊谷　そして二〇〇五年、福田有広さんの後任として東大法学部に着任されました。福田さんとの思い出についてお聞かせください。

川出　福田さんとは院生（福田さんは助手）のころ、お互いに論文を見せ合ったりして、大変な知的刺激を受けました。

熊谷　福田さんは政治学史の方法論に関して大変厳密だったそうですが（本書第八章）、そのあたりについてお話されたことはありますか。

川出　私はどちらかというと、方法論よりは思想の中身の方に興味があるので、話題はもっぱら解釈関連でした。『法の精神』にはハリントンを批判する有名な一節があるのですよ。自由を求めながら自国の封建制の伝統を正当に評価し損ねたハリントンは「灯台もと暗し」だ、といった批判です。他方、福田さんのハリントン解釈は、ハリントンがポリュビオスの混合政体論を受容した結果、伝統的な制限君主政論から決定的に離脱することに成功した、というものでした。評価自体は真逆だけれど、モンテスキューの見立ては福田さんの解釈と通底するね、といった話を良くしました。

熊谷　東大への移籍にともなって、政治学史の講義内容も変化したのでしょうか。

川出　移った頃にはほぼ同じでしたが、その後、内容の入れ替えや、資料（『君主論』の「恐れられるのと愛されるのと」の部分など）をあらかじめ配布して教室で議論する形式を取り入れるなどして、徐々に変化しました。また、東大では現代政治理論の講義が加わりました。そちらでは教室での議論の比率ももっと高くなりました（ベーシック・インカムや「責任倫理」など）。政治学史と現代政治理論を一体のものとして構成するのが、良くも悪くも私の授業の大きな特徴だと思います。

熊谷　研究の面では、まさに東大着任前後の時期まで、川出先生は博士論文以来の「名誉と徳」の問題系に取り組んでおられます。その後は一転して、多様なテーマにご関心をもたれていったような印象を受けるのですが、いかがでしょうか。

川出　そんなことはなくて、「名誉と徳」は私にとっては終始大切なテーマです。

熊谷　正直な感想を申しますと、『平和の追求』（東京大学出版会、二〇二三年）には大変驚かされました。もちろん、後から振り返るとそこに繋がるお仕事もあるとはいえ、国際秩序論に関するここまでの規模の著作を準備されているとは思っていませんでした。ただ、本日のお話のなかで、国際政治論への関心が大学入学前後にまで遡るとうかがい、少し納得いたしました。

川出　年数がかかりましたが、コツコツと書きためてきました。先ほどの権力論とも重なりますが、戦争や暴力の主体となる国家に対する関心がずっとあったんです。ボダン論もそうです。

熊谷　ボダンにはもともと関心がおありでしたか。

川出　ホッブズがあまりにも特異すぎるというか。ホッブズにアリストテレス＝スコラ的なものからの切断を見るのが大方の理解だけれど、そうすると現実の国家がとらえきれないのではないか、という関心です。歴史上の絶対王政には伝統的な要素も含まれ、それは一概に欠陥というわけでもない。でも、そのなかに国家を国家たらしめる本質としての主権がなければならない、としたのがボダン流のアプローチです。穏健だからこそ為政者にも素直に受け入れられ、なにより応用可能性があった。そういう観点に立つと、ロック―モンテスキューという権力分立的・多元的な系譜と、ボダン―ホッブズ―ルソーという主権の一元性を強調する系譜が見えてきます。ボダン―ホッブズ―ルソーの系譜は現代ではヴェーバーでしょう。逆に自由の系譜はアイザイア・バーリンやダール、キムリッカでしょうね。

熊谷　いろいろなご著作を拝見しての印象ですが、先生は「自由主義的と呼ばれる政治」の系譜に深い共感の念を懐いておられますね。本日はどうもありがとうございました。（了）

二〇二五年一月二二日、白水社編集部

Ⅲ　ポスト戦後、新たな語りへ

第八章　ハリントンの政治学史、福田有広の政治学史

——Arihiro Fukuda, *Sovereignty and the Sword*

秋元真吾

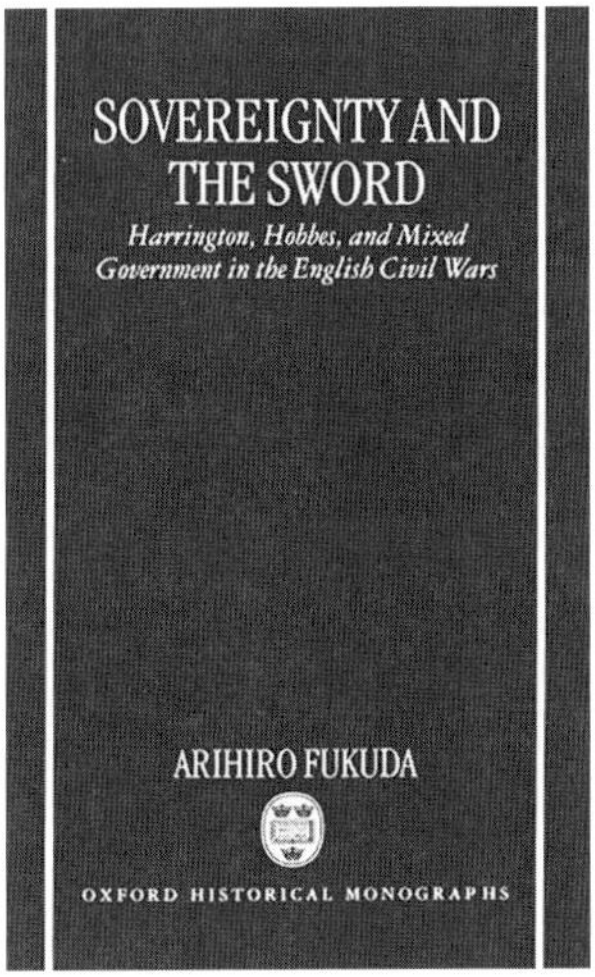

一　はじめに

福田有広（一九六四–二〇〇三）は、かつての同僚谷口将紀によれば、「東大政治学の最も正統な伝承者になるべきだった」人物である（谷口、二〇二二：四四）。近代日本が西洋との本格的な邂逅を経て後、二〇世紀初頭以来、東大法学部が西洋の政治や法の基礎を探る知的試みの最前線のひとつであったとすれば、福田はその試みの結晶たるを体現し、「共和主義」研究を通じて初期近代西欧における「政治（politics）」再構築の理論的基礎を探った――。

福田は東大法学部を卒業後、同学部の助手となり、一七世紀英国の政治思想研究――とりわけジェームズ・ハリントン（一六一一–一六七七）の『オセアナ共和国』（一六五六年）の研究――に着手する。助手の期間、政治思想史研究の本場オックスフォード大学に留学。同地で研鑽を積み、一九九二年に留学の成果たる助手論文を東大法学部に提出。一九九三年、東大法学部助教授に着任し、南原繁から福田歓一、佐々木毅へと継承されてきた政治学史講座の新たな担い手となる。福田は、助手論文の提出とほぼ同時にオックスフォード大学に修士論文を提出。これを発展させたものが *Sovereignty and the Sword: Harrington, Hobbes, and Mixed Government in the English Civil Wars*（以下、『主権と剣』）に結実する（Fukuda, 1997: vii-ix および今野、二〇〇四：二二）。この単著の刊行は、福田が日本だけではなく西欧の学問共同体の一員となり、欧米の研究者と連帯の関係に立つことを象徴する出来事でもあった。そのことは、二〇〇四年に東大法学部で執り行われた福田の追悼シンポジウム（「歴史の中の共和主義」）での講演者の面々からも窺い知ることができる（安井、二〇〇四）。[1] また、彼の単著は国際的に高く評価され（Inuzuka, 2006: n. 1）、複数の書評が刊行された（「書評」参照）。ここでは、本書の趣旨に鑑み、福田の著作を概観しつつ、彼が「共和主義」研究を通じてどのような政治学史を構想したのかを探る。

福田の著作の具体的な検討に入る前に、まずは彼の史料読解の姿勢を確認しておきたい。そのためには、『政治思想学会会報』（一九九七年）に掲載された書評が参考になる。福田は、大澤麦が『自然権としてのプロパティ』（成文堂）においてテクストのもつ視点ではなく、「独自に設定した視点」でもって史料を読むことに批判的な態度を示す。それは、史料読解に際して独自の「視角の確からしさを対象の文書」との関係で「点検することができないため」（福田、一九九七：九）、しばしば恣意的な解釈に陥るからである。他方、鈴木朝夫『主権・神法・自由』（木鐸社）に対しては、これがテクストの「文面から出発」し、「全体の論調からはずれた箇所に出会った場合、その部分に即して、なぜ」（同：一〇）、そうした逸脱が起きたかを問い、実質的な解釈を提示するため、踏み込んだコメントを附す。これは、テクストの著者が何を問題にしたのかを問う姿勢を福田自身が堅持したことと照応する（今野、二〇〇四：一二一―一二三）。自分の尺度で裁断しない、あるいは「いそがぬ読書」（福田、二〇〇三：一二）をするということである。福田は、東大法学部とオックスフォード大学で培われたかかる厳密なテクスト読解によって、ジョン・ロバートソンの言葉を借りれば「格別に独創的（unusually original）」（佐々木、二〇〇三：一二）な成果を世に送り出した。それだけではない。テクストがもつ視角がどのような重畳を経て形成され、いかに現実に立ち向かうものであったか、その堆積を追跡していくという手法を編み出し、立体的な政治学史を描く試みに着手していく。

二　ハリントン研究――「古代の知恵」、ハリントンの政治学

福田の研究の出発点には、政治思想史研究の泰斗ジョン・ポーコック批判がある。なぜなら、ポーコックこそ、ハリントンを英国共和主義、つまり「徳の言語」（市民が政治参加を通じて政治秩序を構築していく際に発揮されるアリストテレス流の徳にまつわる言語）の英国における受容の先駆に位置付けた人物だからである。福田はポーコックに真っ向から挑む。彼が生涯心血を注ぐのは、共和主義を徳ではなく制度または機構（orders）の観点から定義することであった。このことは、英国留学出発以前の論文で萌芽的に顕かになっており（福田、一九八九）、一九九五年の論文「歴史の中の「ユートピア」」にはすでにその形姿を認めることができる。事実、福田はこの論文において、ハリントンが「古代の知恵（ancient prudence）」を「理性と経験」に裏打ちされた古代世界の政治学の伝統ととらえ、「数々の国制を観察する中で、機構の問題を考えてきた」（福田、一九九五：一一四）とする。しかし、当該論文は『主権と剣』の主要部分の摘要であり、とりわけその第七章第一、二節と重複する。[2] 裏を返せば、福田の英国留学以来のハリントン研究は、『主権と剣』にて余すところなく敷衍されると言える。

福田はこの単著において、ハリントンの提唱する「古代の知恵」が「近代の知恵（modern prudence）」――国王大権と臣民の特権の均衡に特徴づけられるゴシック政体を志向する政治学――と対置される

ことから、これが必ずしもポーコックの「徳の言語」、あるいは「マキャヴェリアン・モーメント」と同じ意味の広がりをもつ訳ではないとする。(3)「古代の知恵」はむしろ制度論、より限定的には混合政体論を含意する。福田は最終章で自らのテーゼを次のように要約する。

これまでの章で、私はハリントンの政治思想の新しい側面、つまり彼の均衡主権（balanced sovereignty）への拘りに着目してきた。これを新しい側面と呼ぶのは、ハリントンを英国共和主義の立役者としたジョン・ポーコックによって十分に分析されなかったからである。ポーコックの見立てでは、ハリントンは政治参加を通じて個人の徳を発揮する機会が英国に訪れたことを示すため、土地の均衡に関する理論を創り上げた。私は異なる見解を提唱し、ハリントンの理論はホッブズの短所のひとつ、軍事力の統制の問題を攻撃する武器だったと強調した。（Fukuda, 1997: 127）

つまり、福田によれば、ポーコックはハリントンの土地保有の均衡状態の理論をマキアヴェッリ流の政治参加と短絡させた。この理論はハリントンの論敵ホッブズとの関係で理解されねばならないにもかかわらず。とはいえ、福田もポーコック同様、ハリントンにとってのマキアヴェッリの重要性を認める。無論、徳の問題ゆえではない。ハリントンがポリュビオスの混合政体論をマキアヴェッリの『ディスコルシ』（『ローマ史論』）経由で学んだからである。福田は、しかし、ハリントンがこの「古代の知恵」の再発見者をいかなる意味で批判したのかを論じるため、まずは彼とホッブズとの対抗関係を詳らかにするという選択をする。英国の政治状況との関連で『オセアナ共和国』を史的に位置づけ、そのうえでハリントンのマキアヴェッリ批判の意味を確定することが目指されるのである。

かくして、福田の視線は第一次内乱期（一六四二―一六四四）の論争的状況に向けられる。この時期、ポリュビオス流の混合政体論がゴシック政体論（「近代の知恵」）に流れ込み、暴政ではなくアナーキーの阻止が関心の的となったこと、また、個人の「良心」が政体の均衡が毀損された際、それを回復する方途に措定されたことが示される。つぎに、福田はかかる混合政体論の批判者としてホッブズを登場させる。ホッブズはすでに『法の原理』（一六四〇年）や『市民論』（一六四二年）において「良心」を私的判断（private judgment）と同一視し、これこそ、「万人の万人に対する闘争状態」、あるいは内乱の原因だと看破していた。平和は私的判断の放棄、つまり主権者の判断への帰順によってしか達成されない。この見解の基底にあるのはホッブズの人間本性への洞察、とりわけ「恐怖」への透徹した理解であった。主権創設の誓約（covenant）と実力（common power）（に起因する処刑への恐怖）によって、主権者は絶対となり、抵抗、すなわち私的判断の発動の可能性は消失する。このとき、判断主体たる主権者は単一でしかありえず、混合政体を想定する余地はない。福田によれば、かかるホッブズの服従への類まれな見解が内乱の情勢変化にもかかわらず、彼に一貫した理論構成を可能とした「弾力性の秘訣」（ibid.: 41）であった。事実、ホッブズは一六四九年のチャールズ一世の処刑後もランプ議会、つまり単一の合議体に主権が移動したと主張しえた。

ホッブズは『リヴァイアサン』（一六五一年）でも、主権者への服従が誓約と実力――「言語（word）」と「剣（sword）」――によって達成されるとする。しかし、この著作で「言語」は「剣」に劣後させられる。誓約は実力なくして拘束力をもたないとされるからである。福田によれば、したがって、『リヴァイアサン』――就中、その「回顧と結論」――において「創設によるコモンウェルス」の議論は後景に退く。ホッブズはもはや自然状態から誓約により実力の形成を導く困難な理論構成を取らず、より単純な「征服によるコモンウェルス」の議論に舵を切った。少なくとも英国の状況を説明する論理として。[4] 事実、内乱の勃発後、政治権力は瓦解し、臣民は義務から解放された。ランプ議会であれ王であれ、内乱の勝者は「征服者」として主権を掌握するであろう。しかし、福田の見るところ、ホッブズの説明は現実の内乱の推移において、誰が主権者で誰の庇護下に入るかにつき個人が判断を働かせる余地を残してしまった。「議会は統治の実力を保持したが、その実力は人々の私的判断に完全に依拠」（ibid.: 67）したのである。理論と現実はなお軋みを上げる。一六五三年、ランプ議会がクロムウェルの軍隊を前に解散するに至り、「征服者」の実力の空虚が露呈する。こうして、ホッブズの理論は実力あるいは軍事力の観点から批判にさらされることになる。

　福田の主張は、ハリントンが『オセアナ共和国』で「古代の知恵」の伝統に連なろうとしたというものである。しかし、ハリントンの批判対象は「政治社会（civil society）」を形成しえない「近代の知恵」（ゴシック政体論）ではなく、ホッブズその人であった。ハリントンは、ホッブズがたとえ成功せずとも主権を論じ、「政治社会」の構築およびその安定と秩序を目指したと理解し、『リヴァイアサン』をランプ議会の「擁護論」（ibid.: 71）として読んだからである。しかしながら、彼によれば、ランプ議会は「征服者」たるに十分な実力を有さず、であるからこそ混合政体の原則を採用すべきであった。このテーゼにつき、福田はまず、「恐怖の概念に関する限り、ハリントンはホッブズの弟子であった」（ibid.: 75）とする。かく言う所以は、ハリントンがホッブズの「征服によるコモンウェルス」を前提にしながら、軍事力の惹起する恐怖なくして臣民の服従はなく、統治は安定しないと見たことにある。しかし、ハリントンはさらに分析を進め、では軍事力それ自体の服従はいかに確保されるのかと問う。鍵は、軍隊にとっての「必要」、つまりそれを養う土地に見出される。土地保有者が下僕を兵士として養い、他を圧倒する限りで統治は安定する。このように推論して、ハリントンは政体分類論すら土地保有者の数（一人、少数、多数）と軍事的圧倒の成否に基礎づける。このとき、ランプ議会はホッブズの見立てとは異なり、少数が統治する貴族政ではなく、その失敗形態としての寡頭政となる。事実、ランプ議会は軍事力を掌握し切れず、不安定なものであった。否。事態はより精密に分析される。英国では王権の宿敵たる貴族や聖職者の土地が分割され、平民に渡ったため、強大な大土地所有者はもはや出現しえない。ポスト封建制の時代、「統治権力はもはや軍事力によって維持されない」(ibid.: 86)のである。人民全体が土地保有者となり、誰も他を圧倒しえない以上、ホッブズの「征服によるコモンウェルス」はそもそも観念しえない。福田によれば、この「土地保有の均衡」はホッブズの「平等」の説明——自然状態では人間は平等な能力を有し、誰もが他者を殺害しうる——に類似する。軍事力が拮抗して、「征服者」は現出しえず、アナーキー以外想定しえなくなるからである。英国では、ランプ議会のもとでもクロムウェルのもとでもこの状態が継続する。いまや、「近代の知恵」はもちろん、ホッブズの理論すら頓挫する。リヴァイアサンは現れない。では、いかにアナーキーから抜け出すことができるのか。

ハリントンは軍事力を下支えする「恐怖」や「必要」には赴かず、「権威」と混合政体論を接合することで主権論の新しいヴァージョンを構築しようとした。そもそも、「土地保有の均衡」状態では唯一の命令主体は現れ出ないため、恐怖にもとづく命令への服従の議論は意味を為さない。服従は「利益」——時代のキーワードでもあった——によって確保される。つまり、軍隊が反旗を翻す利益をもたなければ良い。「剣」は、法律という「共通の利益」を実現する「鞘」(ibid.: 94) に収められれば良いというわけである。したがって、ハリントンの主題は立法機構論である。その要諦は二院制と稟番制にあり、前者は元老院での「討議」(法案の起草) と民会での「決議」(法案に対する投票) の機能的分割に係わる。ホッブズが主張するように、言語を通じた説得による「共通の利益」の追求が不可能だとしても、政治機構を通じてそれを「強いる (constrain)」(ibid.: 99) ことは可能であり、二院制立法機構のもとでなら、「討議」する者は自らの決定を強制することができず、「決議」する者の利益を慮る必要が生じ、ゆえに共通の利益の実現が「強いられる」。ハリントンはかかる機構の支柱を元老院に見出す。この「ケーキを切り分ける」機関は、共通の利益を追求して討議をする限りで「権威」をもつ。ここには知的に優れた者が座すのが好ましいとされ、財産額が政治的知性を反映するという信念のもと、ハリントンは貴族か郷紳 (gentry) にコモンウェルスを託す。しかし、これではまだ「平等なコモンウェルス」は現れ出ない。というのも、「政治機構における不平等な取り扱いが党派の原因」(ibid.: 108) となり、党派間の利益対立は「共通の利益」の追求を麻痺させるからである。稟番制は、元老院への参入機会を平等化すると同時に、元老院議員が職に長期に就くことで党派性をもつことを防ぐ術である。これに民会での自由な秘密投票 (「決議」) が加わることで、平等なコモンウェルスが保障される。

福田は、実質的な総括にあたる第七章において、ハリントンの混合政体論がホッブズの理性一本槍の主権論に抗して、「理性と経験」に立脚したものであったと強調する。そもそも、混合政体論は「古代の知恵」から導出された。これはマキアヴェッリが近代に再発見したものであり、その実例は古代の共和国以外、たとえばヴェネツィア共和国にも見出される。福田によれば、しかし、ハリントンはマキアヴェッリすら党派抗争の理解において誤ったと見る。彼は同時代の英国を念頭に置きながら、対立が政治的に健全であるとは考えず、よって護民官の創設すら致命的だったと断じる。党派対立の固定化が共和政ローマ崩壊の原因だったとし、その起源を王政期のロムルスによる世襲の元老院議員の創設にまで遡る。かくして、「ハリントンは、共和政ローマの成功から二院制立法機構の原則を引き出し、その失敗から稟番制の重要性を抽出した」(ibid.: 116)。二院制立法機構が稟番制を備えることで、初めて元老院の「権威」に立脚した主権が生じる。なぜなら、元老院の提出する法案のなかに、各人は私的利益が「共通の利益」に包含されるかたちで現出するのを見るからである。ホッブズが排除した私的判断は、機構を通じて共通の利益に濾過されていく。われわれはここに、ポーコックとは違った視点からのマキアヴェッリへの依拠を見出す。福田は言う。「要するに、ハリントンはマキアヴェッリの原則――政治参加――を自身の混合政体論の装置に変換し、ホッブズの懸念、つまり国内の平和と秩序に資するようにしたのだった」(ibid.: 126)。「土地保有の均衡」状態のもと、自由な独立した個人の織りなす政治社会が、ある特定の政治機構に立脚する。これがハリントンの紡ぎ出す政治学の内実であった。

必然、福田にとっての共和主義はポーコックのそれとは異なるものとなる。もしポーコックの言うように、ハリントンが英国共和主義の立役者であるのなら、共和主義の歴史自体、徳の問題とは別様に描けることになる。とはいえ、『岩波哲学・思想辞典』(一九九八年)の「共和主義」の項目は折衷的である。(5) 福田はまずこれを「古典古代の共和国、とりわけ古代共和政ローマの政治に憧れ、世襲の君主政とは違った形の政治をめざす考え方」(福田、一九九八：三五三)と定義する。そのうえで、初期近代以降、この政治的傾向を担う人々が、古代ローマの英雄を範としながら現実の君主政を支える支配層の腐敗や資質の欠落を糾弾する一方、ローマの統治機構に見られる権力の抑制・均衡を称揚したとする。曰く、彼らは「自由の守り手を最終的に貴族に求める点で共通するものの、一方で、人と制度のどちらに頼るのかという矛盾を含むものであった」(同：三五三)。しかし、福田は以後、ハリントンにとっての「政治学者の中のプリンス」マキアヴェッリ、そしてこの二人の政治学者が共通に読むリウィウスの『ローマ史』――ハリントンによれば「古代の知恵のアーカイブ」(Fukuda, 1997: 16)――へと赴き、共和主義を人(または徳)ではなく、制度の観点から検討し直す作業に取り掛かる。ここにおいて、政治学者が先行の政治学者を批判的に検討し、新しい政治学を創り上げていくというハリントンの政治学史が、福田有広の政治学史としてかたちをなしていく。(6)

福田は『デモクラシーの政治学』(二〇〇二年)所収の「共和主義」論文の劈頭、右記の『辞典』とほぼ同様の定義を置きつつも、その内実を「客観的な制度」に立脚した政治権力に収斂させていく。(7) まず注目すべきは、福田が岩波の『辞典』同様、ここでも「公共の事柄(res publica)」の語義から説き起こす類の陳腐な説明を採らないことである。共和主義は単純に「公共の利益」や「公共善」の追求をスローガンに掲げるものではない。初期近代にあって古典古代の創造的模倣を企てた人々はより実質的かつ複雑に思考した。ここで福田が着目するのは古代ローマの「支配権（imperium）」である。なぜなら、「リヴィウスを読むにあたって、マキアヴェッリとハリントンが共に着目したのは、imperium の概念」（福田、二〇〇二：三八）だったからである。福田はこの語の解釈の歴史を通じ、「古代共和政ローマの政治に憧れ」、これを模倣しようとした「主義 -ism」を明確化することを試みる。狙いは、かく摘出される共和主義をもって現代のデモクラシーの「複眼的な理解」（同：五〇）に扶掖せしめることにある。デモクラシーを「人民の支配」と言うだけで満足する愚は避けるということであり[8]、おそらく、古典古代、デモクラシー以前に政治の成立があったことを前提とする。しかし、誰もが了承するように、古典はそのまま再現しうるものではない。福田は、古典的意味での「政治」を初期近代に再生するため、支配権を基礎づける客観的な制度に着目した思想、その堆積を掘削していく。

　支配権とは何か。「命令を下し、命令に対する服従を引き出す権力」（同：三八）である。福田はまず、マキアヴェッリがこの概念をいかに理解したのかを問う。鍵はマンリウス伝承――マンリウスが兵士の統率のため、支配権に背いて敵と交戦した息子を処刑する伝承――に置かれる。福田によれば、マキアヴェッリはこの執政官の「峻厳」と「軍事規律」の関係に着目した。マンリウスは兵士に「温和」な態度で臨み紐帯を固め、「徒党」を発生させるような態度は取らず、それどころか支配権に背いた息子を処刑した。軍事規律を維持するためである。マキアヴェッリはかかる峻厳な態度が共和政に適するとみなす。なぜなら、共和政のもとで「自由な生活」が可能となるのは、「何らかの公正な所定の要件」に従って名誉や報償が配分されるからである。君主政のもと、恩恵として名誉や報償が決定され、追従が蔓延るのとは対照を為す。マキアヴェッリによれば、このマンリウスの支配権行使はあたかも「ブルートゥスの子殺し」を連想させるかのごとく、共和国の「ordini（機構、制度）をその principio（始まり）に戻すものであった」（同：四〇）。よって、ここで「始まりに戻す」とは、共和政最初の執政官ブルートゥスの伝承が示す共和政設立の原則――政治的決定の執行（支配権行使）につき、不透明な結びつき（政治を脅かす徒党の芽）を残さないという原則――を再確認したという意味に解される。しかし、フィレンツェ共和国の書記官たるマキアヴェッリの関心はかかる支配権をいかに樹立するかにはなく、「なぜ、そしていつ ordini が本来の姿を外れ、徒党が発生し、市民が imperio に従わなくなるのか」（同：四一）にあった。これは典拠のリウィウスには見られない関心である。かくして、福田は、マキアヴェッリが伝承を独自に解釈し、支配権維持の問題をたとえば「告発（accuse）」のような制度（ordini）に結びつけていったとする。のみならず、マンリウス伝承と相似形に見える独裁官パピリウスと騎兵長官ファビウスの支配権と軍事規律をめぐる事件を題材に、マキアヴェッリがリウィウスの採録する伝承上現れる対抗関係――支配権と護民官の救援（auxilium）や抗告（provocatio）（政務官の支配権行使を一時停止させ、人民（populus）への異議申し立てを行うこと）との対抗関係――を捨象したと強調する。マキアヴェッリにおいて、パピリウスの支配権行使はマンリウスのそれと同様に解され、その帰結には触れられない。つまり、ファビウス父による抗告の対抗を受けない。福田によれば、この対抗の不存在は、マキアヴェッリが支配権を人民に基礎づけず、その「正当性根拠の問題

を不問とした」(同：四三）ことを意味する。(9)

ハリントンは必ずしも「近代世界最高の学者」(同：四六）マキアヴェッリと同じ見解を示す訳ではない。そもそも政務官の支配権行使には関心を払わず、立法機構に着目した（cf. Fukuda, 1997: 102)。ゆえに、その関心はリウィウスの「法の支配権（imperia legum)」に向く。しかし、どの制度にも支配権を割り当てない。「法の支配権」、つまり政治的決定の絶対性あるいは主権は、元老院での「討議」と民会での「決議」の峻別を経て初めて「共通の利益」に資するものとして現出するからである。(10) ハリントンはこの観点から共和政ローマ崩壊の直接の原因をトリブス民会（なお、史料中は平民会と混同される）での立法——護民官が提案し、元老院の「討議」抜きで可決される平民会決議（plebiscita)——の横行に同定する。さらに、平民の側の「党派」の出現の起源を遡り、右に見たようにマキアヴェッリを批判する。福田はここで、この批判の意味をさらに特定化する。ハリントンにとっては、「病気の真の原因を見極めずして共和国の order を「始まり」に戻すというだけでは問題は解決しない」(福田、二〇〇二：四七）、と。言い換えれば、支配権にまつわる伝承の起源を確認し、その再現前を企図するだけでは「支配権」は確たるものとはならない。かくして、ハリントンがリウィウスを読み、「党派」の原因に見出すのは、ロムルスによる世襲の貴族身分の創設であり、その提案は、選挙にもとづく稟番制の元老院議員を「制度」化し、「法の支配権」を保障すべきであったというものである。

福田によれば、二人の政治学者はそれぞれが直面する現実を前に「党派」を別様に解した。マキアヴェッリにとっては「党派」(または「徒党」）を伴わない分裂は自由に基底的であったところ、ハリントンにとっては貴族と平民の分裂が「党派」そのものを指示した。しかし、「「支配権」の扱いに関しては、両者には顕著な共通点が存在する」。それは、制度「が「党派」を排除して「支配権」を支えるという構造である」（同：四八）。つまり、制度が政治的決定の局面であれ、その執行の局面であれ、「党派」という政治そのものを脅かす不透明な集団の排除に資するということである。これが人々――第一義的には政治的階層――をして res publica を具現化せしめる。よって、福田にとって初期近代の「共和主義」者は、制度の側に古典的意味での「政治」を担保する条件を蓄積していった人々ということになる。福田は、このことを追求した思潮の存在を示すため、マキアヴェッリのみならずハリントンにおいても、支配権が抗告や護民官の救援と対抗関係に立たないことを強調する。そもそも、この種の対抗は支配権による「党派」の排除とは位相を異にし、平民の水平的な連帯に起源をもつものである。かくして、福田の政治学史の見通しは打ち立てられる。政治学史に登場する思想家を支配権に着目する republic と抗告や救援に依拠する democracy（同：五〇）とに整理することを提案するのである。

ここでは、福田の史料解釈の妥当性もかかる図式化の是非も問わない。[11] 本章の趣旨から確認すべきは、彼がコンテクストを丹念に追い、思想家のテクストを歴史的に位置づけるといった従来の水準を脱していることである。彼の探求はより複雑である。なぜなら、政治学者が自らの直面する現実との関係で古典を解釈し、その試みが幾重にも堆積していく、この立体的な解釈の積み重なりを対象としたからである。そして、この解釈の航跡が「共和主義」を形成するという見通しを得た。しかも、この種の探求は今を生きる「政治学者」の課題でもある。福田の『政治学史講義プリント』（二〇〇三年）を締め括る文言は、以上の見通しとの関連で理解されねばならない。

古代から今日まで、プラトンもアレントも、政治学者は、虚空にあってではなく、その時代の目の前の世界を相手に、先立つ政治学者の本を読みながら、政治の問題を考え抜いてきた。今、私たちが、政治学者の残した本を手に、目の前の世界を近景に、政治学者の見た世界を遠景に置いて、その両者の距離を推し量りながら、政治について考え抜こうとする時、それはすなわち、政治学史の中で政治学者が繰り返してきた態度を、二十一世紀にあって私たちが引き継ぐことになる。

（福田、二〇〇三：一七〇）

このような志を有する福田の研究は、日本における西洋政治思想史研究において斬新なものであった。古典そのものに立ち戻り、そこから人文主義以降のインパクトを立体的に描き出そうとする（本来王道であるべき）試みがきわめて稀であるためだけではない。西洋で形成されてきた政治学史の堆積を明らかにしながら、日本――西洋の政治や法を曲がりなりにも継受した地――で異なる所与に相対し、その伝統を新たに構築していこうとしたからである。政治的な徳（政治的階層の資質）ではなく、「徒党」を解体する「制度」に着目することで。

文献

福田有広の著作

福田有広、一九八九、「ジェイムズ・ハリントンの equality」『創文』三〇四号
福田有広、一九九四、（書評）「学界展望〈政治学史〉」『国家学会雑誌』一〇七号（五・六）
福田有広、一九九五、「歴史の中の「ユートピア」——マシュウ・レンのハリントン批判について」（佐々木毅編『自由と自由主義 その政治思想的諸相』東京大学出版会、所収）
Fukuda, Arihiro, 1997, *Sovereignty and the Sword: Harrington, Hobbes, and Mixed Government in the English Civil Wars*. Oxford.
福田有広、一九九七、（書評）「革命と内乱のイングランド再訪」『政治思想学会会報』四号
福田有広、一九九八、「共和主義」（『岩波哲学・思想辞典』岩波書店、所収）
福田有広、二〇〇二、「共和主義」（福田有広・谷口将紀編『デモクラシーの政治学』東京大学出版会、所収）
福田有広、二〇〇三、『政治学史講義プリント（二〇〇三年度夏学期）』（東京大学法学部図書館所蔵。登録番号：4151079227）

書評（Fukuda, 1997 に対する）

Ahnert, Thomas, 2001, *Historical Journal*, 44, pp. 570-572.
Baumgold, Deborah, 1999, *Albion*, 31 (1), pp. 94-96.
Burgess, Glenn, 1999, *Parliamentary History*, 18 (2), pp. 210-213（邦訳：佐々木武、一九九九、「ハリントンの挑戦あるいは福田有広の挑戦」『政治思想学会会報』九号）
Scott, Jonathan, 2000, *The English Historical Review*, 115, no. 462, pp. 660-662.
大澤麦、一九九八、『聖学院大学総合研究所 Newsletter』七巻四号、四二—四三頁。
清瀧仁志、二〇〇〇、「十七世紀における権力と国民統合」『政治研究』四七号、一七九—一八九頁。

その他の文献

Hoekstra, Kinch, 2004, The *de facto* turn in Hobbes's political philosophy. in T. Sorell, L. Foisneau, edd., *Leviathan after 350 Years*.

Oxford.
Inuzuka, Hajime, 2006, Arihiro Fukuda (1964-2003): His Works and Achievements. in *Discussion Paper Series*, No. F-122, Institute of Social Science, University of Tokyo.
今野元、二〇〇四、「ある精神的貴族の肖像——故福田有広氏を悼んで」『若葉会会報』五四号
佐々木武、二〇〇三、「若き良き友に——福田有広会員をおくる」『政治思想学会会報』一七号
谷口将紀、二〇二二、「『おのがデモンに聞け』をめぐって」『東京女子大学比較文化研究所附置丸山眞男記念比較思想研究センター報告』一七号
安井宏樹、二〇〇四、「第18回比較法政シンポジウム・レポート」ICCLP Annual Report

註

（1） このシンポジウムは福田自身が企画していたものを引き継ぐ形で実現された（安井、二〇〇四：一〇）。

（2） 当該論文ではハリントンを「共和主義」の流れではなく、「ユートピア思想家」と見る解釈が批判・検討の対象となる。

（3） ポーコックの徳への着目に対する批判は、テクスト解釈のレベルでは Fukuda, 1997: 105 および n. 59 に見出せる。他の点での齟齬については、ibid.: 5, n. 8 も参照。

（4） バージェスが指摘するように、このホッブズ理解はホッブズそのものというより、ハリントンのホッブズ理解を先取りするものである（Burgess, 1999: 211-212［佐々木、一九九九：二一—二三］）。キンチュ・ヒュークストラは、リチャード・タックと併せて福田を引き、「回顧と結論」においてそもそも新体制への呼びかけは明示的ではないとより根本的な批判を展開する（Hoekstra, 2004: 36, n. 14）。福田のホッブズ研究史理解については、「学界展望」（福田、一九九四）を参照。

（5） 折衷的であるのはおそらく一八世紀以降の層も包摂しようとしたことによる。福田の整理によれば、「モンテスキューが共和政を極端な形に整理して以来、共和主義は、自己犠牲や祖国愛の精神の意味に限定された政治的徳の概念と組みで理解されることが多くなる」（福田、一九九八：三五三）。

（6）この手法はすでに一九九四年の研究課題「西洋政治思想史における、主権論とローマ国制論の緊張関係について」（KAKEN: 06720041）の実績報告書中に見出される。福田に従えば、それぞれの思想家を「政治学史家」とみなし、その構図同士がもつ緊張関係を把握することが肝要とされる。（佐々木、二〇〇三：二）も参照。

（7）この論文がわれわれの手にしうる福田の最後の論文であるが、未刊行の英語論文が三本存在する（Inuzuka, 2006: n. 2）。

（8）ただし、後註（11）参照。

（9）福田はもちろん、「始まりに戻す」につき、「国家のはじまりを考えることが、その国家の原理の解明になる。これがマキャヴェッリの発見だった」といった類の陳腐化には加担しない。福田は、あくまで『ディスコルシ』のテクストに忠実にリウィウスの採る伝承群の解釈に踏み込む。彼の探求対象は、ハリントンとの比較の都合なのか「ブルートゥスの子殺し」を祖型とする支配権にまつわる伝承に限定されてしまうが、しかし、マキアヴェッリがパピリウスの事件を扱いながら支配権をめぐる伝承の成層分析を欠いたという指摘は重要だと思われる（福田、二〇〇二：四三）。ただし、この事件の扱いから一足飛びに、マキアヴェッリが支配権を抗告に対抗させず、その正当性根拠を不問にしたという結論に至りうるのかは疑問である。事実、パピリウスの事件での抗告（provocatio）への言及はやや不自然であり、福田も指摘するとおり（同：四二―四三）、抗告自体、独裁官の恩赦という曖昧なかたちで終わりを迎える。そうであればむしろ、ファビウス側の行動（兵士の支持取り付け）を含め、マキアヴェッリが何を捨象したのか、『ディスコルシ』の他の箇所との関係を考慮しながら、より包括的かつ繊細な扱いが求められるように思われる。

（10）福田はこの論文では「古代の知恵」に言及しないが、この語は『オセアナ共和国』の冒頭、「法の支配権（Empire of Lawes）」に結びつけられている。Cf. Scott, 2000: 662.

（11）福田の政治学史の見通しにつき、支配権が抗告や救援の対抗を欠いて「人民」（民会）に基礎づけられなかったとすることと、抗告や救援への依拠をデモクラシーに分類することとのあいだには飛躍がある点だけを指摘したい。その原因のひとつは、「人民」と「平民」の区別が曖昧であることに求められる（福田、二〇〇二：四八―四九）。なお、福田はアレントを引照してデモクラシーを「人民の支配や役割」（同：五〇）に同定するため、デモクラシー理解が成熟の途上であった可能性がある。

第九章　自由民主主義の再検討

——川出良枝・山岡龍一『西洋政治思想史——視座と論点』

小畑俊太郎

一　はじめに

戦後日本において、西洋政治思想史の教科書として世に送られた著作は多数存在する。教科書という性格上、それらは一般の読者層を強く意識して、平易で基本的な内容が盛り込まれることが通例であるだろう。だが、そうは言っても、歴史叙述とは単なる記述的行為ではなく実践的行為でもある以上、そこには著者の問題関心が反映されざるを得ない。著者の問題関心が異なれば、一見すると基本的な内容を叙述している教科書にも個性が伴うはずである。

本章では、西洋政治思想史の代表的な教科書として、川出良枝・山岡龍一『西洋政治思想史――視座と論点』（以下、『西洋政治思想史』と略記）を取り上げる。本書は、元々は放送大学の教材として二〇〇一年に刊行された。その後、二〇〇五年の第二版を経て、最終的にそれらを増補改訂するかたちで岩波書店から二〇一二年に刊行されている。豊富な知識と卓抜な論理によって執筆された本書は、実に、全一九章からなる大部な教科書となっている。本章では、本書の著者の一人である川出の思想史叙述を再構成し、その基本的な枠組みを明らかにしたい。そのうえで、戦後日本の西洋政治思想研究を念頭に置きながら、川出の思想史叙述の根底にある問題関心に焦点をあてる。戦後日本の西洋政治思想研究において、川出の問題関心がいかなる特徴を有するのかを浮き彫りにすることが本章の最終的な目的である。

二　思想史叙述の目的と方法

西洋政治思想史を、とりわけ教科書というかたちで一般の読者層に向けて叙述する際に、川出によって強く意識されている目的とは何であろうか。この点は、本書において明確に表明されているところである。「本書を通底する問題関心を一つあげるとすれば、それは、自由民主主義の再検討という視点である」（川出・山岡、二〇一二：二六七）。「自由民主主義の再検討」という視点は、実のところ、川出がすでに刊行していた放送大学の教科書『近代国家と近代革命の政治思想』の最終章において打ち出されていたものであった。川出はそこで、二〇世紀に入って理念としての自由民主主義が体制化して以降、自由民主主義に対する幻滅と悲観主義が、「近代」に対する根本的な懐疑を伴いながら展開された情景を描写している。他方、冷戦終結時には、自由民主主義体制こそが人類の最終的に到達しうる政治体制であると言祝ぐような言説も登場した（松本・川出、一九九七：第一五章）。自由民主主義をめぐる両極端な評価を受けて本書において改めて表明されるのは、「自由民主主義を無批判に賛美したり（もしくは頭ごなしに否定したり）、単に現代社会において支配的であるという理由だけでそれを漫然と受け入れたりといったことは許されるべきではない」という問題意識である。川出にとって思想史叙述の目的とは、自由民主主義の「批判的な継承の中から思想と実践を生み出す」ということにほかならない（川出・山岡、二〇一二：二六七）。

「自由民主主義の再検討」のために、本書の採用する思想史叙述の方法はかなりユニークなものである。一般的に政治思想史の教科書では、思想家のテクストを時代順に配置し、同時代の歴史的文脈と関連づけながら解説していくことが多い。こうした一般的な叙述方法の有用性を認めつつも、『西洋政治思想史』では、「それぞれの論点に対して、さまざまな思想家が、ときには時代を大きくまたぎ越してさまざまなアプローチを行い、そこにあたかも時空を超えた「論争」が展開されているかのような叙述を行う」(同：一三―一四）ことが宣言される。すなわち、現代のわれわれにとって、「相変わらずきわめてアクチュアル」と考えられる西洋政治思想史上の重要な「論点」が各章の主題を構成し、それらの論点をめぐって思想家が論争を展開する、という方法が採用されている。論点中心型の思想史叙述という点に、本書の方法的独自性が認められよう。こういった叙述方法は、まさに「自由民主主義の再検討」を行ううえできわめて効果的であると考えられる。以下では、紙幅の都合上すべての論点を網羅することはできないが、川出の思想史叙述の基本的な枠組みを析出したい[1]。

三　権力国家観

『西洋政治思想史』において川出の描き出す「近代」は、複雑で重層的な構造を有するものである。そのなかでも「近代の政治観」として重視されているのが「権力国家観」である。それは、国家を「権力によって秩序を確立しようとする組織」とみなす立場であり、近代以降に本格的に登場した。ここで権力とは、「物理的強制(暴力や武力の行使)に裏づけられた影響力」(川出・山岡、二〇一二：六七)

と定義されるが、こうした権力国家観を展開した系譜として、マキアヴェッリ、ボダン、ホッブズが取り上げられる。

権力国家観を展開したマキアヴェッリの著作が『君主論』である。マキアヴェッリによれば、世界の半分は「運命」（fortuna）によって支配されるが、残りの半分は、運命に抗する人間の「力量」（virtù）が発揮できる自由の領域である。君主はおのれの「力量」を発揮して、運命に弄されることなく祖国の安全と栄光のために決断しなければならない。君主の「力量」は主に二つの要素からなるとされる。一つは、国家の維持のために必要であるならば、「暴力」に訴えるべきこと（ライオンの獰猛さ）であり、もう一つは、「策謀」を張りめぐらすこと（狐の狡猾さ）である。君主の最大の使命は「祖国を維持すること」であって、その目的に役立つか否かによって手段の「善悪」は判断される。また、軍事力の増強のために、マキアヴェッリは祖国フィレンツェの軍制改革の必要性を訴える。外国人を主体とする傭兵制度ではなく、統治者に直属する自前の軍隊の創設が提唱されるのである。ただし川出によれば、このようなマキアヴェッリの権力論は、権力の追求それ自体を自己目的化しているわけではない。マキアヴェッリが統治者に権力の能動的行使を求めるのは、あくまで国家の維持と防衛を目的とする限りにおいてであったとされる（同：六七―七〇）。

一六世紀以降、ヨーロッパ各地は深刻な内戦に巻き込まれる。そこで、内戦を絶対悪とみなす政治理論によって提起された概念が「主権」である。それは、ボダンによって理論的基礎を与えられ、一七世紀イギリスのホッブズによって最も純粋なかたちで理論化された。ホッブズは『リヴァイアサン』において、人間が自然状態で自己保存のために自らの力を自由に行使することを「自然権」と呼んで肯定する。だがその結果、ホッブズの自然状態は、「万人の万人に対する戦争」と表現される悲惨な状態に陥ることになる。戦争状態としての自然状態から脱出するための契機として、ホッブズは「死の恐怖」に着目する。それはすべての人間に共通の情念であり、人々を平和の希求へと向かわせる一致点となる。平和の追求のための努力義務をホッブズは「自然法」と呼ぶが、自然状態では実効性に欠く。そこで人々は、社会契約による主権的権力の設立に至るが、ここで重要なことは、契約のなかには代理人（主権者）の行為を本人（人民）の行為とみなすことが含まれている点である。人民は契約締結以降、主権者の判断を自らの判断とみなして絶対服従しなければならない。こうしてホッブズの主権者は、平和の樹立のために物理的強制力としての権力を独占して秩序を形成するとされる（同：七〇—七六）。[2]

なお、川出も著者の一人である『政治学』においては、「より洗練された権力国家観」として、ヴェーバーの国家観が言及されていることを補足しておきたい。ヴェーバーは統治者に対して、「国家の持つ暴力性」を自覚し、「権力行使がもたらした最終的な結果に断固として責任をとる覚悟」すなわち「責任倫理」を求めることになる（久米ほか、二〇一一：九四）。

四　権力批判の論理

権力国家観とともに、川出によって重視されているのが「権力批判の論理」である。近代国家の権力の独占が進むにつれて、強大化した国家権力に対する批判も生じてくる。権力批判の論理としては、とりわけ以下の二つが注目される。一つは「抵抗権の議論」であり、フランスの宗教戦争期におけるモナルコマキの政治文書や、ジョン・ロックの「政府の解体」論などが検討される。もう一つは「権力分立の発想」であり、川出の専門であるモンテスキューが登場する。これら二つの権力批判の論理は、「近代の自由主義の中核」を構成するものとされる（川出・山岡、二〇一二：一〇五）。

「抵抗権の議論」の提唱者のなかでも、「近代のリベラル国家の原型」を作り上げた思想家として重視されているのがロックである。『統治二論』の第二篇においてロックは、ホッブズの社会契約論を巧みに換骨奪胎し、立憲主義的な国家像を導出する。ロックもホッブズと同様に、自然状態の人間は自己保存のための自然権をもつと考える。だが、ロックは自然権の行使に対して「自然法の範囲内」という限定を付す。自然権の行使は、他者と同等の権利を尊重する限りにおいて容認される。ロックの自然状態は、ホッブズとは異なって必然的に戦争状態に陥るわけではない。

だが、ロックの自然状態は、自然法の解釈をめぐって争いが生じるために、依然として不安定な状態である。そこで各人は、「同意」によって一つの政治社会を形成し、さらに自然法の解釈権および自然法違反者に対する処罰権を政府に「信託」する。ここで重要なことは、政府に信託された諸権力は、あくまでも各人の自然権を保障するために、「自然法の範囲内」で行使されなければならないということである。政府が契約に違反する場合には、人民は「政府を解体する権利」としての「抵抗権」を発動することになる。抵抗権を巧みに組み込んだロックの統治論は、その後、名誉革命体制という「議会を中心として運営される自由主義的な体制の確立」を促すことになった（同：一〇八―一一一）。[3]

一八世紀フランスのモンテスキューは、ロック的な社会契約論とは異なるかたちで権力批判の論理を展開する。モンテスキューの認識では、権力の担い手が誰であれ、「権力は必然的に濫用される」。したがって、人民が選挙権や抵抗権を掌握しただけでは、政治的自由は保障し得ない。政治的自由にとって本質的なことは、人民の権力を含む権力と権力とが相互に抑止し合う「抑制均衡の仕組み」を構築することである。川出によれば、モンテスキューが政治的自由と権力の相互抑制を結びつける着想を得たのは、古代ローマ共和政の観察からであった。『ローマ人盛衰原因論』において、モンテスキューは、共和政ローマに絶え間ない内部分裂をもたらした身分間の抗争や権力闘争を積極的に評価する。というのもそこでは、権力が一個の身分集団に集中することなく、権力を担う身分集団相互の対立が巧みに制度を通じて維持されていたからである。政治的自由と権力を担う身分集団の抑制均衡を不可分にとらえる視点は、モンテスキューが同時代のイギリスやフランスを分析する際の基本的枠組みとなった。川出は、こうしたモンテスキューの権力観を「多元的権力観」と呼んで、モンテスキューの政治的思考を特徴づけるものとみなしている。

川出によれば、ロックとモンテスキューは、権力分立の構想において異なるが、自由を確保するために政治権力が及ぶ範囲を適正な規模に限定することを重視する点で共通している。こういった政治観は、独立後のアメリカの憲法制定過程にも影響を与え、「近代のリベラル国家」を基礎づけていくとされる（同：一一二－一一四）。

五　共和主義の系譜

混合政体

『西洋政治思想史』における川出の思想史叙述の特筆すべき特徴の一つが、「共和主義」の系譜が詳細にたどられている点であろう。ポーコックやスキナー、ディキンスンらの研究によって、ロック的な自由主義の言説とは異なる共和主義の系譜が発掘されてきた。「あとがき」で回想されているように、共和主義研究の成果を積極的に取り入れることが「本書の出発点の一つ」であったとされている(川出・山岡、二〇一二：二六六)。共和主義の系譜をたどる際に、川出の重視する観念が「混合政体」と「公共の利益」である。

最初に混合政体論の展開過程について見ておこう。共和主義の系譜の起源は、古代のギリシア・ローマまで遡る。アテナイの民主政が衰退していく過程で、それに替わる理想的政体を探究したのがプラトンとアリストテレスであった。アリストテレスは、権力をもつ者の人数と、権力行使の目的が「共通の利益」か「支配者個人の利益」かという二つの基準によって政体を分類する。正しい政体として王政、貴族政、「国制(ポリティア)」が、それぞれの堕落形態として僭主政、寡頭政、民主政が挙げられる。アリストテレスの見るところ、最も理想的な政体はプラトンと同様に王政と貴族政であるが、いずれも実現困難である。そこで、実現可能な選択肢のなかで最も優れた政体として提示されたのが「国制」であった。それはまさに、寡頭政と民主政という単独政体を巧みに組み合わせることで共通の利益を実現しようとする「混合政体」の発想に立脚したものとされる(同：一五―一九)。

混合政体論はその後、ローマ共和政のもとでポリュビオスによって本格的に展開される。ポリュビオスによれば、単独政体は腐敗を免れず、次々と変転せざるを得ない。単独政体の不安定性を克服するためには、王政、貴族政、民主政の要素を巧みに組み合わせた混合政体を樹立する必要がある。この点で、執政官、元老院、民会から構成される古代ローマの共和政は、ポリュビオスにとってまさに理想的な混合政体であった。混合政体こそ理想的政体であるとするポリュビオス的発想は、とりわけ一七世紀のイギリスで重要な役割を果たすことになる。君主、貴族院、庶民院から構成されるイングランドの国制を理想的な混合政体として称賛する議論が登場する一方で、イングランドの「君主政」を批判するために混合政体論を展開したのがハリントンであった。ハリントンの見るところ、大土地所有体制を前提とする君主政は、土地所有の均等化が進んだ現在では崩壊に向かわざるを得ない。君主政に替わる安定した共和政を築くためには、法案の審議のみを行う議院（元老院）と議決のみを行う議院（民会）の二院制議会が必須である。ハリントンにとって、議会の権限の巧みな分割と均衡が共通の利益の実現には不可欠であった。川出によれば、正義や共通善を具体的制度によって実現するという発想を生み出した点に、混合政体論の意義が認められるという（同：一九―二四）。

公共の利益

共和主義の系譜において重要な役割を果たした観念としてさらに注目されているのが、「公共の利益」である。アリストテレスにとって、「共通の利益」は正しい政体とその堕落形態を分類する指標であった。また、古代ローマにおいて「国家」に相当する語の「レス・プブリカ」とは、「公共のものごと」を意味した。すなわち国家とは、私的利害関心を離れて共通の問題を考慮するために結合した集合体として理解されていた。ローマの有力政治家であるキケロも、ローマ共和政を「混合政体」

として称賛したが、キケロにとって「共通の利益」を追求するために中核となるべきは「元老院の権威」であったとされる（川出・山岡、二〇一二：一一八―一一九）。

古典古代のアリストテレス＝キケロ的な「レス・プブリカ」としての国家観は、中世以降に変容を蒙るものの、ルネッサンス期イタリアの都市国家において復活を遂げることになる。とりわけフィレンツェでは、マキアヴェッリの『ローマ史論』に見られるように、古代ギリシア・ローマの統治形態を参照して古典古代型の共和政体をモデルとする議論が盛んに展開される。そこでは、「公共の利益」を追求するうえで「市民の徳」の重要性が強調された。すなわち、祖国に対して積極的に貢献する市民の活動的な「徳」（virtù）が重視されたのである。「公共の利益」と「市民の徳」の密接な関連性を重視する発想は、ハリントンを経由して近代以降も大きな影響力を保ちつづける。

川出によれば、一八世紀以降の「商業社会」の台頭に伴って、「公共の利益」をめぐる言説は主に二つの方向に分岐することになった。一つは、「市民の徳」を重視する「共和主義」の系譜であり、名誉革命後のイギリスにおいて典型的に見られたものである。名誉革命後のホイッグ体制下では、イングランド銀行の設立や公債の大量発行といった、新しい信用経済に基礎を置く経済振興策が展開された。これに対して真っ向から批判を加えたのが、伝統的な「農業社会」に基盤を置く「カントリ派」であった。カントリ派にとってホイッグ体制は、社会に拝金主義をもたらし、「市民の徳を掘り崩す新種の専制体制」と映ったのである。こういった「公共の利益」と「市民の徳」の密接不可分性を強調する共和主義的な視点は、ルソーの人民主権論や、アメリカ革命期の政治パンフレットにも継承されていく（同：一二三―一二六）。

もう一つは、「商業社会」の台頭を正面から重視する立場である。ここで再び、モンテスキューが重要な位置を占めることになる。モンテスキューは『法の精神』において、「徳」を原理とする「共和政」と「名誉」を原理とする「君主政」を対比し、後者に軍配を上げた。共和政は、私的利益を犠牲にして公共の利益に貢献する「有徳な市民」を継続的に育成して初めて成り立つ政体である。だが共和政は、ポリスのような小規模な単位の国家においてのみ可能であり、現代では実現可能性を欠いている。対照的に、中規模程度の国民国家を前提とする君主政のもとでは、「名誉」が原理となることで、他人との競争に打ち勝とうとする「市民の野心と虚栄心」が支配的となる。そこでは「奢侈」が横行するが、産業や交易が大規模に発達し、社会全体としては繁栄を享受できる、というわけである。川出は、モンテスキューの描く君主政のなかに、「古代の共和政とは明らかに異なる近代の商業社会の論理」が織り込まれていると指摘する。[4] その問題関心はその後、アダム・スミスの商業社会論へと継承されていくのである（同：一二三―一二四、一二六―一三二）。

六　リベラル・デモクラシーの成立

すでに触れたように、「公共の利益」と「市民の徳」の密接不可分性を説く共和主義的な視点を継承した近代の思想家がルソーであった。そこで、ルソーのいわば共和主義的なデモクラシーの特質と、それとは異なる「自由主義的なデモクラシー」という意味でのリベラル・デモクラシー（川出・山岡、二〇一二：一八七）の成立が考察されることになる。リベラル・デモクラシーの成立に寄与した政治理論家として取り上げられるのは、一九世紀イギリスのJ・S・ミルとフランスのトクヴィルである。

まず、ルソーの共和主義的デモクラシーについて確認しておこう。ルソーは『人間不平等起源論』において、自然状態で独立して自足した生活を送っていた自然人が、虚飾に満ちた「文明社会」を形成する過程を批判的に描写している。ルソーにとって既存の国家は、文明社会の不平等を強者の利益に資するかたちで固定化するための道具にほかならない。そこで、自然人と同様の自由と独立の回復を目指して、新たに設立する国家のヴィジョンを展開したのが『社会契約論』である。川出によれば、ルソーの社会契約にはホッブズともロックとも異なる大きな特質がある。それは、「各人がその権利を委譲したり信託したりする相手は第三者機関ではなく、各人がその不可分の一部分となる共同体そのものであるという点」である。この人民の集合体である共同体は、政治的意志決定の主体として立法権を直接的に行使する。ここに、人民が主権者として立法権を行使するという、「近代の人民主権の理論」が成立することになる。それは、「支配する者と支配される者の同一性を追求した古代の民主政の理念」の再現であったとされる。(5)

人民の立法する法律は、常に、「共通の利益を求める意志」である「一般意志」を体現するものでなければならない。人民には、共通の利益を考慮する高い道徳的資質が要求されることになる。だが、文明社会の人間が虚栄心に満ちた利己的人間であることは、ルソー自身が指摘してきたことであった。そこでルソーは、理想と現実のギャップを埋めるために、「立法者」や「市民宗教」の議論を展開する。それは、川出によれば、「契約の主体としてあるがままの人間をそのまま認めるのではなく、彼らが、立法者があらかじめ設立した社会制度や市民宗教によって共和国にふさわしいあり方へと強制的に教育・変革されることの必要を強く示唆するもの」であった。実のところ、「市民の徳」の変革のために立法者や市民宗教に訴える議論は、マキアヴェッリが『ローマ史論』で展開していたものであり、ルソーに対する共和主義的影響の大きさを物語るものだとされる（同：一八〇―一八四）。

川出が共和主義的デモクラシーとは異質なリベラル・デモクラシーの成立を見出すのは、ミルの政治思想においてである。そこにおいて、これまで別々に展開してきた自由主義と民主主義が、巧みに結合されることになる。ミルは『自由論』において、個人の自由の徹底的な擁護から出発する。個人の自由は、他者と同等の自由の範囲内で最大限に保障されなければならない。自由の領域において各人は、「個性」を陶冶することが自身の幸福にとって本質的に重要と考えられている。このように個人の自発性を高く評価するミルは、『代議制統治論』において、最善の統治形態として「代表政体」を擁護した。個人の自由や個性といった自由主義的理念の貫徹は、市民の「政治参加」が保障されて初めて可能になると考えられたからである。

なおミルにとって、政治参加は個人の自由の擁護だけでなく、市民としての公共精神の涵養という意味もあった。公的な仕事に参加する際に、人々は偏狭な私的利害関心を離れて他人と関わらざるを得ない。こうした政治の教育機能を高く評価するミルの議論は、トクヴィルの『アメリカのデモクラシー』の影響を受けたものであった。トクヴィルは、アメリカでデモクラシーが健全に機能している要因を、地方自治や陪審制といった政治参加の仕組みが整備されている点に見出す。市民はそうした制度に積極的に参加することで、「偏狭な個人主義や物質万能主義を克服している」と考えられたのである。

このように、ミルにとって政治参加は、個人の人格形成と密接に関連している。だが、川出によれば、政治参加はあくまでも個人の自由と個性を擁護するための手段として価値がある。個人の自由と個性という自由主義的理念が、民主的な政治参加に優位して位置づけられている点に、ミルのリベラル・デモクラシーの立場がよく示されているというわけである（同：一八四―一八七）。

七　「個人主義化」する社会とデモクラシーの行方

ここからは、「自由民主主義」をめぐる川出の思想史叙述の根底にある問題関心に迫りたい。戦後日本の西洋政治思想研究において、西洋近代を普遍的なモデルとしてとらえる一方で、日本を特殊に位置づけるパラダイムが広く共有されていたことは周知の事実である。そこでは普遍としての西洋近代が、いまだ特殊な位置にとどまるとされる日本の状況を批判するための視座として機能しつづけてきた。こういった戦後日本のパラダイムに対して、川出はどのような意識をもっているのだろうか。

この点に関して、ある座談会における川出の発言は興味深い。その座談会とは、「日本における西洋政治思想研究の現状と課題」をテーマとして開催されたものである。そこで川出は、「「日本 vs. 西洋」という対立図式そのもの」に対して、率直に「違和感」を表明している（小野ほか、二〇〇六：六二）。そのうえで、日本社会のイメージが大きく変容していることを以下のように指摘する。「例えば、「日本は集団主義的規範が強くて、個人主義が根付かない」という命題も今では一昔前ほど単純には通用せず、日本はある種の個人主義が非常に進展した社会であるという捉え方すらできるのではないでしょうか」（同：六五）。ここで川出によって提起されている日本社会の「個人主義」とは、「トクヴィルが批判するような欲望中心の私生活個人主義」から、「リバタリアン的な自己責任型個人主義」まで幅広く含むとされるが、いずれにしても日本社会が、西洋と大差のない「個人主義」の社会に変容しているという認識に変わりはない。

こうした川出の社会認識は、別の論考でも一貫して表明されている（『論座』二〇〇八年一〇月号）。そこで川出は、「かつてあれほど問題視された日本社会における集団への過剰な同調圧力が消失したと言えるのかどうかは定かではない」と慎重に留保を付しつつも、「日本社会がある種の個人主義化に向から遠心的ベクトルを顕著に示しつつあることは否定しがたい」という見解を示している（川出、二〇〇八：二〇）。現代では洋の東西を問わずに「個人主義化」が進行しているという社会認識が、川出の問題関心を根底において支えていると言えよう。(6)

では、「個人主義化」する社会は、デモクラシーの行方にいかなる影響を与えるのか。この問題を考えるために川出は、デモクラシーを「集団」との関係で二種類に大別する。一つは、集団の存在をデモクラシーにとって危機とみなす議論であり、もう一つは、集団を健全なデモクラシーの運営にとって不可欠の存在とみなす議論である。前者は、民主的意志決定過程における「公的なもの」（res publica）の追求を重視する点で、「共和主義（republican）モデル」と呼ばれる。近代における共和主義モデルの代表がルソーである。他方で後者は、意志決定過程における多様な集団間の抑制と均衡、またはその多元的な利害の共存を重視する点で、「多元主義モデル」と呼ばれる。この立場の有力な論者として取り上げられるのが、モンテスキューやトクヴィルである。主に共和主義モデルはフランス、多元主義モデルはアメリカにおいて、革命と建国の当初から今日まで継承されてきた「支配的なデモクラシー観」に近いとされる（同：二一一―二一二）。

両国における集団の問題に対する対応を具体的に検討したうえで、川出が今後のデモクラシーのモデルとして軍配を上げるのは「多元主義モデル」に対してである。純粋なかたちでの共和主義モデルが作動するのは、「市民の利害や価値観の同質性が暗黙のうちに前提とされる」ような状況においてであるが、グローバル化の進んだ現代では、それは「望むべくもない条件」である（同：二一五）。このような共和主義モデルに対する川出の批判は、共和政の「徳」に対するモンテスキューの批判を彷彿とさせるものであろう。

川出が現代の日本社会に見出すのは、既存の社会的紐帯がほどけて放り出された「弱い個人が、仲間づくり、ネットワーク作りのスキルをもつこともなく、ただ砂のように孤立していくという状況」（同：二一六）である。こうした状況で個人が参加する集団は、「個人的利害にとらわれがちな人間に他者と共に生きることの意義を教え、市民としての技能と精神を養う格好の場」（同：二一二）となりうる、というわけである。集団への参加に市民の教育機能を看取する川出の集団観に、トクヴィルの議論が反響していることは明らかである。「個人主義化」する日本社会という社会認識に立って、川出は以下のように結論を締めくくる。「デモクラシーにとって集団は敵ではないという命題を正確に、また、真剣に考えるべきなのは、まさに現代の日本においてであると言えよう」（同：二一六）。

八　おわりに

『西洋政治思想史』を中心に、川出の思想史叙述を考察してきた。そこには、まさに「自由民主主義の再検討」のための視座と論点が、鮮やかに提示されていたと言えよう。本書の読者は、現代の政治が直面する問題の多くが、過去の歴史において様々な角度から論じられていたことを見出すに違いない。政治を考える知的基盤としての教養が、過去の歴史と現代の問題を不断に往還することで形成されるものであるとすれば、本書は市民の豊かで深い教養形成のために繰り返し読み直されるべき最良のテクストである。

だが、西洋と日本を同質的にとらえる川出の社会認識については、なお検討の余地があるのではないか。もちろん、グローバル化の進んだ現代において、西洋＝普遍、日本＝特殊といった単純な二項対立的図式が成立し得ないことは明らかである。しかし、あえて踏み込んだ言い方をすれば、日本のコロナ禍において、政府の「自粛要請」のもとで「自発的」な移動制限や営業制限が行われたのを目の当たりにするとき、日本では政治秩序に対する統治者の責任倫理の自覚を重視した「権力国家観」すら未成熟ではないか、という疑念も浮かぶ。政府による法的強制と補償に代わって、日本において自由と権利の制限を事実上推し進めたのは、権力の行使に答責性を負わない「自粛警察」なる私的集団であった。自粛警察と呼ばれた人々が、政府の意向に忖度するかたちで、個人や業者に対して有形無形の圧力を加えたことは記憶に新しい。このような日本の「ズルズルべったり」（丸山、一九六一：

一二）な対応に対しては、同調圧力による社会的制裁という日本的な「権力」行使のあり方として批判的な視点をもたざるを得ない。その意味で、日本において統治の責任を鋭く問う「権力国家観」の探究は、依然として今日的意義を失っていない論点と思われる――権力国家観の未成熟なところでは「権力批判の論理」も不徹底であるだろう。戦後日本の西洋政治思想研究において紡がれてきた対話は、今後も継続されなければならない。

文献

小野紀明ほか、二〇〇〇、「座談会「日本における西洋政治思想研究の現状と課題」」『政治思想研究』創刊号
川出良枝、一九九六、『貴族の徳、商業の精神――モンテスキューと専制批判の系譜』東京大学出版会
川出良枝、二〇〇八、「砂のように孤立化していく個人をどう救うか――デモクラシーと集団を考える」『論座』一〇月号
川出良枝・山岡龍一、二〇一二、『西洋政治思想史――視座と論点』岩波書店
久米郁男ほか、二〇一一、『政治学』補訂版、有斐閣
松本礼二・川出良枝、一九九七、『近代国家と近代革命の政治思想』放送大学教育振興会
丸山真男、一九六一、『日本の思想』岩波書店

註

（1）「自由民主主義の再検討」というテーマは、言うまでもなく本書全体を貫くものである。本書のもう一人の著者であ

る山岡による担当箇所でも、「キリスト教の衝撃」、「富と所有」、「迫害と寛容」、「共同体から個人へ」、「政治と教育」、「正義と善」など、自由民主主義――とりわけ自由主義――を再考するうえで決定的に重要な論点が詳細に検討されている。したがって、川出の思想史叙述に焦点をあてる本章は、本書全体の読解としては不十分なものであることをお断りしておく。

（2）ただしホッブズにおいて、「死刑」などの自己保存に根本的に反する主権者の命令に対しては、人民に服従の義務はないと考えられている（川出・山岡、二〇一二：一五六）。

（3）本書では、権力を制限する論理として、近現代における「法の支配」の思想も考察されている（川出・山岡、二〇一二：第一三章）。この文脈で決定的に重要なのは、「自己保存の権利」を「不可侵の自然権」とみなした、グロティウスによる近代自然法論の確立である。川出によれば、近代自然法論の系譜は、主権者の意志を法とみなすベンサム的な法実証主義の台頭によって大幅に後退を余儀なくされることになる。そこでは、民主的な法的手続きに適切に依拠してさえいれば、「たとえ少数者の基本的人権を侵害する内容を含むものであっても、いかなる法も制定可能であるという極端な結論も導かれかねない」とされる。実際にはベンサムは、同時代の自然法論者よりも女性や同性愛者の権利をはるかに強力に擁護したのだが、多数者の基本的人権と少数者の基本的人権が根本的に衝突する場合には、統治者は断固として前者を選択しなければならないと主張するので、その限りで川出の指摘は妥当なものである。

（4）もっとも、モンテスキューの名誉の観念が「商業社会の論理」に収まりきるものではないことは、川出自身がモンテスキュー研究において強調しているところである。むしろそこでは、名誉の観念は、デスポティズムに対する命を賭した抵抗という「高貴な行為」をもたらす貴族固有の情念として、モンテスキューの「政治的自由」の核心に位置づけられている。モンテスキューの名誉の観念の貴族主義的側面については（川出、一九九六：二六一―二七三）を参照。

（5）『西洋政治思想史』における川出の思想史叙述の特筆すべき特徴の一つとして、社会契約論者のホッブズ、ロック、ルソーの女性像が詳細に分析されている点を指摘しておきたい。川出によれば、彼らはいずれも「自由で平等な人間」から出発しているが、「家父長的家族」を承認する記述が散見される。なかでもマキアヴェッリの共和主義を称賛したルソーについては、『エミール』において男女の性差を一貫して強調し、「性別役割分担を固定化」しようと試みていたことが指摘される（川出・山岡、二〇一二：第一六章）。古代の民主政と同様に、ルソーにおいても、政治という公的領域を担う「人民」から「女性」は排除されていると言えよう。

（6）『西洋政治思想史』の第一五章「社会的連帯の基礎」もまた、「社会主義」についての歴史的考察ではあるが、同様の問題関心に支えられていると考えられる。そこにおいて川出は、社会主義を「個人主義の本質であるとされた利己主義に対抗して、新しい連帯の絆の再建を求める動きを総称する語」としてとらえ、その積極的意義を引き出そうとする（川出・山岡、二〇一二：一九〇）。

第十章　川出良枝のモンテスキュー――川出良枝『貴族の徳、商業の精神』

熊谷英人

一　はじめに

モンテスキューはどちらかといえば、玄人好みの思想家である。その名は「三権分立」理論の祖として広く知れわたっているが、明晰な理論体系を期待して主著『法の精神』（一七四八年）を手にとると、読者は肩透かしを食うはめになる。緩やかで散漫ともいえる構成、断章形式の論述、読み手に曖昧さや飛躍を感じさせる論理展開。モンテスキューを読んでいると、ときに砂を噛むような心地さえする。原論や英国国制に関する箇所をのぞくと、政治思想の専門家たちのあいだですら『法の精神』を通読したという人は実はあまり多くないのではないか。ホッブズ、ロック、ルソーなどにみられる、初学者にとってもある種「わかりやすい」面白さの対極といってよい。学部演習で『法の精神』を扱うのは、たしかに勇気がいる。

そうした印象も手伝ってか、戦後日本の政治学史研究において、モンテスキューはながらく不遇であった。南原繁以来、政治学史研究は現実政治を導く規範となる「政治哲学」の探究と不可分一体のものとされてきたが、この動向は、歴史や経験性を重んずるモンテスキューとは相性が悪かったのだろう。前述の社会契約論の思想家たちに比して、モンテスキューは明らかに不人気だった。少なくとも、政治思想の分野の研究は低調で、モノグラフも少なかった。福田歓一や藤原保信の通史においても、見るべき位置を与えられていなかった。

状況が好転するのは一九九〇年頃からである。変化の原因はいろいろ考えられるにせよ、「福田パラダイム」(関谷、二〇〇三：四)――近代社会契約論をもって西洋政治思想史の本流とする構図――の影響力の減衰が一因であったことは疑いない。七〇年代以降、ケンブリッジ学派の台頭に伴い歴史的分析が日本でも徐々に普及するにつれて、自然法論以外の思潮への関心も高まっていった。モンテスキューの再評価もその一環であったように思われる。一九八九年には野田良之らによる『法の精神』の記念碑的な邦訳が、九五年から翌年にかけては数冊の研究書が刊行されており、以後、現在に至るまでモンテスキューへの学問的関心は衰えていない。

本章で扱う『貴族の徳、商業の精神――モンテスキューと専制批判の系譜』(以下、『貴族の徳』)は、九六年に公刊された一冊である。著者の川出良枝は早稲田大学政治経済学部に在学中、「早稲田の杜の教室で情熱をもって政治の理想を語られていた」(川出、一九九六a：三一八)藤原保信と出会い、政治思想研究の途を志したという。[1] その後、東京大学大学院法学政治学研究科に進学し、パリ第七大学への留学をはさみつつ、有賀弘と佐々木毅の指導のもとで一九九四年、博士課程を修了した。博士論文をもとにした同書は、モンテスキューの政治思想に関する本格的な歴史研究としてわが国では画期的であり、研究水準を一挙に引きあげることとなった。文献の博捜と緻密な論証に加え、多様で複雑な問題系を解きほぐし、綜合する構成力は圧巻というほかない。また、(少なくとも日本では)無名であった脇役の思想家たちの群像も生き生きと描かれ、思想史上に的確な位置づけが与えられる。のちに川出は「できるだけ精緻に過去を描き出すのが私の仕事」(川出、二〇二〇)と語っているが、実際に同書によりモンテスキュー理解の解像度は格段に上がったといえよう。

本来であれば、同書を国内外のモンテスキュー研究史のなかに位置づける作業があってしかるべきである。しかしまことに残念ながらそれは、モンテスキューの専門家ならぬわたしの力量の及ぶところではない。かわりにここでは、川出良枝の思想史学におけるモンテスキューの位置を論ずることで、本書にささやかながらの寄与をなしたいと思う。

二　「近代」の思想家として

いささか乱暴にまとめるならば、『貴族の徳』で提示されるモンテスキュー像は、「近代」と格闘した思想家というものである。そうなると、まず問題となってくるのは「近代」の定義であるが、川出はモンテスキューの同時代（一七世紀後半〜一八世紀中葉の「初期啓蒙」）の言説から「近代という意識」を抽出している（川出、一九九六a：一四以下）。それによると、「近代」とは一六世紀に完成した身分制秩序が動揺する過渡期であり、とくに君主権力の集権化、等価交換を基調とする商業社会化、利己的人間観の三点により特徴づけられるという。ここから、川出は君主権力の「専制」化を批判した知的系譜――フェヌロン、サン゠ピエール、ブーランヴィリエ――を再構成し、その末端にモンテスキューの思想を位置づけようとする。つまり、モンテスキューは「近代」について「先行するなどの論者よりも透徹した理解を示し」（同：二五九）、そこで可能な「自由な国家」を、すなわち、絶対悪としての「専制」とは異なる、「近代」の君主政を模索した思想家として把握されるのである。

川出はとくに、モンテスキューが商業社会の論理（「商業の精神」）を直視した点を高く評価する（同：二二一以下、二四七以下）。「売買や消費といった貨幣を媒体とする交換の原理にもとづく社会秩序」（同：一五〇）としての商業社会は、人間の不平等性を前提とする身分秩序とはどうしても緊張関係に立たざるをえない。伝統的な立場を護持する論者たちが商業のもたらす「貪欲」や「奢侈」を批判したのに対して、モンテスキューは「商業」の自律性を認め、それが「国家の外に位置する独自のシステム」であることを理解した。そのうえ、そこに「質素・倹約・節度・労働・思慮・平穏・秩序・規則の精神」といった新たな倫理のかたちすら見出していた。

「商業の精神」に対するモンテスキューの認識は、政治社会を諸関係の総体として把握する視座、川出がいうところの「「システム」としての国家」観の論理的帰結でもあった（川出、一九九〇：六六以下）。モンテスキューによれば、経済体制は無論のこと、風土、宗教、習俗、富、人口、生活様式などから、政治社会の「基調」としての「一般精神」は形成される。一見無秩序にみえようとも、秩序を全体として把握したとき、そこには一種の「合理性」が現前する。

モンテスキューにとって、社会的事象の多様性は決して非合理なものではない。法律や習慣が多様であり相対的なものであるというそのこと自体のなかに、モンテスキューは確固とした合理性と必然性を見出そうとする。モンテスキューが多様な細部を全体と関係づけて捉えたとき、細部の多様性は犠牲にされるどころか、むしろあらゆる些細な部分も有意味なものとして、モンテスキューの視座に捉えられるのである。

（川出、一九九六a：一七〇）

逆にいえば、「「社会」の内部に発する自律的な変化をいたずらに撹乱する」（同：二五八）政策や立法は「専制」的として、退けられねばならない。川出のモンテスキューは「目前にある社会秩序がすでに十分な合理性を備えたものであるという経験的事実に魅了」された思想家なのである。

無論、モンテスキューは権力現象としての「政治」に無関心であったわけではない（同：一七五以下）。「政治」の問題がすべて「社会を拘束する法則性」に回収されることはない。彼にとっては、解放された「権力欲」、「とどめがたい権力意志」（同：二六九）もまた社会的人間の本質的属性のひとつである。川出によれば、モンテスキューにとって「激しい自己愛と権力意志」は「倫理的善悪を越えて、すべての政治に関する議論の出発点」をなしていた。であればこそ、「権力意志の専制化」を、つまりは「権力意志」が肥大化し、「他者の完全な抹殺を図ろうという破壊的な方向」（同：二七〇）へと向かう事態を防ぐために、「制度」によって「権力の複数性・多元性」を確保せねばならない。こうしたモンテスキューの構想を、川出は「不協和の調和」と呼ぶ。

ここにモンテスキューの第三の、しかももっともラディカルなデスポティズム批判の言説を見出すことができる。すなわち、政治体におけるあるべき秩序とは、多元的な諸力による対立抗争を内に含みつつ、全体として一致をみるというかたちをとる統合である。モンテスキューにとっては、こういった多元的な秩序からなる国家こそが「自由な国家」なのであり、これをデスポティズムと根本的に対立する国家のあり方とみなしたのである。（同：一八五）

ここから川出はさらに歩を進め、「不協和の調和」の前提となる「権力意志」そのものを動機づける根源的情念を問い直す（同：一七九、二六一以下）。周知のように、モンテスキューは「名誉」（honneur）をもって君主政を駆動する「原理」とみなしていた。名誉欲の根底には「世間」からの承認への欲求があり、そうであるがゆえに、名誉欲からいかに「立派な行為」をなしたとしても、究極的には倒錯的な自己愛にねざしたものに過ぎない。だが、モンテスキューによれば、それでかまわないのである。たとえ、その本質が「洗練された権力欲」であろうとも、名誉は社会に有用な「立派な行為」をもたらし、ときには「死の恐怖」さえ克服させる。名誉と結びついた「自己の生命や財産よりも上位にあって、絶対的に従わなければならない価値」が、そうさせるのである。川出は「政治生活における極端な局面において名誉の名のもとに自らの生命をかけて反逆するという人間がくりかえし登場する」点に、「モンテスキューの政治的思考の大きな特徴」をみる（同：二六九）。そうした人間たちが君主権力を掣肘することで、「権力意志の専制化」は抑止されることとなろう。つまり、名誉という「アリストクラティック」な情念、いわば「貴族の徳」の存在ゆえに、「近代」の君主政は「自由な国家」たりうるのである。

以上からもわかるように、川出のモンテスキュー像は秩序構想における二元性を特徴としている。「近代」の君主政とは、「今まさに勃興しつつある商人階層と、旧来の身分秩序の中核に位置した貴族階層とが、それぞれに固有の情念に身を任せ個別利益を追求する結果、宇宙の体系にも似た生き生きとした秩序の実現する世界」（同：二五五）である。この二元性は様々なかたちで言い換えられる。たとえば、「政治の世界」と「市民の世界」、「闘争」と「交換」、「権力欲にもとづく名誉心」と「私欲に由来する勤勉」、「政治的自由」と「市民的自由」、そして「貴族の徳」と「商業の精神」(同:二五五、二九六以下)。もちろん、同じ「近代」の君主政でもフランスとイギリスとでは大きく異なるように、二元性のあり方自体も多様でありうる。だがここで重要なのは、モンテスキューが二元性を二元性として受けとめ、「この二つの原理の巧みなバランス」のうちに「自由な国家」の存立条件を模索したことである(同:三〇〇)。そして、川出は「その模索の手続きの際立った繊細さと綿密さ」(同:三一六)のうちに、思想家としてのモンテスキューの卓越性をみていた。

三　その基底——ウォーリン、シュトラウス、ヴェーバー

改めて川出良枝のモンテスキュー像をみてみると、気づかされることがある。人文主義的契機の不在である。専門家ならずとも、一見して明らかなことだが、モンテスキューは作品中で古代ギリシア・ローマの事例について頻繁に言及している。にもかかわらず、『貴族の徳』では古代が無視されるとはいわないまでも、その扱いの比重は決して大きいとはいえない。実際に、川出はモンテスキューの「共和主義」的解釈には「懐疑的」と明言している(川出、一九九六a:五)。スキナーやポーコックなど、当時勢いを増していたケンブリッジ学派の思想史研究が、古代ギリシア・ローマを範とする「政治的人文主義」(civic humanism)の潮流を重視していたことを鑑みれば、これは特筆すべきことである。現に出版当時、この点を指摘する書評もあった(安武、一九九七:一六〜七)。

『貴族の徳』における人文主義的契機の不在についてはさしあたり、ふたつの理由を考えることができる。

第一に、「近代」の位置づけである。前記のとおり、川出はモンテスキューをまずもって「近代」の思想家として扱っていた。川出自身も古典古代の政治に対するモンテスキューの「心情的な愛着」を知らないわけではない。だが、いかに共感を惜しまなかったにせよ、古代モデルは「近代」の社会変動、とくに商業社会と自己愛の肥大化に対応できるものではなかった(川出、一九九六a:一六三―四、一九三)。古代の「共和政」を特徴づけた「祖国への愛」、あるいは公共への自己犠牲としての「徳」を可能にした歴史的条件は永久に去った。川出によれば、この冷厳な認識こそがモンテスキューを従来の人文主義的思考から決定的に分かつ点なのであり、その意味で、モンテスキューの議論は結局のところ、「古代の共和政を脱神話化する試み」にほかならなかったとされる。

これはモンテスキューのみならず、川出良枝の問題でもあった。川出は総じて、古代的「政治」の再生を目指す構想には懐疑的である。この傾向はすでにシェルドン・ウォーリンに対する批評に鮮明であった(川出、一九八九)。アーレントの系統を汲むウォーリンは、古代ギリシアを原型とする「政治的なるもの」の復権を提唱した理論家として知られる。ウォーリンは八〇年代以降の日本の政治思想研究に多大な影響を及ぼしており、川出も八八年には長期滞在中のウォーリンの演習に参加していた(千葉、二〇二二)。ウォーリンによると、本来の「政治」は「公共」をめぐる市民の討議や共同性を本質とするが、現代では経済・階級構造・福祉国家といった「社会的なるもの」により、「政治的なるもの」の領域は著しく浸食されてしまっている。だからこそ、活動的な「市民」は「公共空間を審議や批判や代替案の探究のための空間として復権」し、「脱政治化」の趨勢に抗さねばならないという（Wolin, 1989: 191）。だが川出のみるところ、この構想には根本的な無理がある。

> 古典的な共和政モデルは、公民が「家政」に関して一定の自律性を維持できるかぎりにおいて公民的徳を涵養し自由に政治に参加することができる、ということを前提としていた。この条件を共同体という場において実現し、保ち続けることがまさに政治の重要な課題であったのである。しかしこの前提は〔…〕今日ではもはや完全に崩壊した。今や国民国家の枠組すら越えるにいたった社会システムに生活の基盤を全面的に依存する「勤労者」が、同時に「公民」にならなければならないという状況が出現したのである。このような状況において、あえて「政治的」な公共性を提示するということはきわめて矛盾の多い試みとならざるをえない。（川出、一九八九：八）

モンテスキューの共和政批判との相同性は明らかである。しかも川出は、ウォーリンが掲げる共同性自体に「内部における他者を排除し、外部に「敵」をつくるという排他性」、つまりは多元性否定の契機すら認めている。結局、ウォーリンの議論は「現代のシステムの総体を問うのではなく、巨大なシステムに小さな風穴を開ける試み」にとどまり、「批判理論としての全体性を欠いている」というのが、彼女の診断だった。(2)

第二点目は「より原理的」な問題にかかわる。すでにみたとおり、川出はモンテスキューの秩序構想のうちに「政治の世界」と「市民の世界」の二元性を指摘し、そのうえで前者――複数の「権力意志」の主体同士が角逐する「闘争」の世界――を駆動する根源的情念としての名誉心の意義を強調していた。興味ぶかいのは、川出にとって、名誉をめぐる問題系の重要性は単にモンテスキュー解釈の次元にとどまるものではなかった、ということである。

政治理論において貴族主義的な契機と呼びうるものがいかなる意味をもち、また歴史的にどのような機能を果たしてきたのかという問題は、これまでのところ必ずしも十分解明されてはいない。プラトンは人間の魂を、「理性的部分」「気概的部分」「欲望的部分」の三層に分け、それをポリスの三階層に対応させた。ヨーロッパの身分社会において貴族層は自らをこの「武勇」や「士気」を担う二番目の種族になぞらえ、守護者階級の一員と自認したのである。そこでは、祖国の防衛のために一身をなげうつこの「高貴な情念」をもつ種族が、生産労働に従事し狭い自己利益にとらわれている種族を支配することこそが、真の正義であると考えられたのである。こういった観念は、デモクラティックな諸理想の台頭とともに、ともすると時代遅れの謬見として一蹴されることになる。だが、われわれのみるところ、ここには実は簡単に切り落とすだけではすまされない重要な問題が内包されている。

（川出、一九九六a：二）

このように『貴族の徳』の問題設定の基底には、「高貴な情念」への一貫した関心が潜んでいた。プラトンのいう「気概的部分」（thymos）の本質は欲望と死の恐怖の克服、そして卓越への志向にあり、具体的には権力意志や名誉欲として発現する。川出のみるところ、この「高貴な情念」こそ、「政治の世界」を駆動する根源的衝動である。ところが、「福田パラダイム」が西洋政治思想の本流とみなした近代の社会契約論は自己保存を絶対化することにより、「高貴な情念」の問題を閑却してしまった。これに対して川出は、「伝統社会と近代社会のいわば過渡期」にあって「高貴な情念」の問題と正面から向き合った思想家として、モンテスキューを対置しようとする。そして、そのモンテスキューが紆余曲折を経て、最終的には「高貴な情念」たる名誉心を「近代」の君主政に固有の「原理」とした以上、「古代」の共和政の問題は後景に引かざるをえなかったのだろう[3]。

「高貴な情念」に対する川出の関心は『貴族の徳』以後もつづいた。すでに同書の終章では名誉の観念が一九世紀以後、「デモクラティックな諸理想」により圧倒されるさまが素描されていたが、その後の諸研究ではより詳細な見通しが提示されている(川出、二〇〇〇a、二〇〇四)。川出によれば、モンテスキューにおいてかろうじて政治的競争の起動原理としての地位を保っていた名誉心は世紀後半になると、変容と解体を余儀なくされる。身分秩序に固着し、他者による評価に依存する名誉心はしだいにいかがわしい情念とみなされるようになり、その一方でルソーやカントは名誉心を内面化し、平等化することにより、普遍的な「尊厳」(dignity, Würde)の感情として昇華させていった。「一方では栄誉欲の過剰、他方ではキリスト教による栄誉欲への徹底的な攻撃に抗して、その正しい中庸的なあり方を探求するところから「自由」を論じるという前世紀の議論に対して、一九世紀リベラリズムは、いわば議論の問題枠組みを共有しないまま、結論部分を継承しようとしたと試みることになった」(川出、一九九四b：一〇五)。かくして「貴族的な情念」は一九世紀の自由主義において居場所を失い、「近代の個人主義社会」に対するニーチェの「ドン・キホーテ」的闘争のうちにかろうじて、残滓をとどめるのみとなった。こうしてみると、『貴族の徳』前後の川出がいかに「政治の世界」を駆動する情念、いわば「政治における道徳性」の問題に関心を寄せていたかが、よくわかる。

川出の関心と興味ぶかい符合を示すのが、二〇世紀の政治哲学者、レオ・シュトラウスである。周知のように、川出の恩師、藤原保信はシュトラウスに私淑し、日本における最初期の紹介者でもあった。であればこそ、学部・大学院時代の川出自身もシュトラウスに少なからぬ関心を有したことは容易に想像できる。現に大学院修了前後の時期の川出は、たびたびシュトラウス（学派）に言及しているのである（川出、一九九四a、一九九四b、一九九六a：一九六、二八三）。

シュトラウスも川出と同様に、プラトンによる魂の三分類を引き合いに出しつつ、「気概的部分」のうちに「政治的情念」を認めていた（Strauss, 1989: 165f.）。この「政治的情念」の問題に焦点をあてた作品こそ、『僭主制論』（一九四八・五〇年）――川出が書評などで詳しく紹介し、「真に古典の名に値する」（川出、一九九四b：九八）と評した作品――にほかならない。同書は古典期ギリシアの思想家、クセノポンによる「僭主教育」を主題とした対話篇『ヒエロン』の注解書であるが、そこで「名誉」の観念は、「知者」（the wise man）が「支配者」（the ruler）を教導する際の切り札として位置づけられている（Strauss, 2013: 14f., 87-90）。「名誉と称賛」を愛する「気概に満ちた男」（real men）にとって、「いかなる人間の快楽といえども、名誉と結びついた喜び以上に神的なるものに近いものはない」。万人の愛と承認を渇望する「支配者」であればこそ、国威の発揚という「高貴で偉大な競争」に勝利し、「慈悲深い支配者」となることで、自国民から愛情を、そして万人から名誉を獲得することができる。シュトラウスによれば、「愛への欲望とは区別された「不滅の名声」への欲望は人を「今・ここ」の呪縛から解放」し、「自己完成への欲望の支配を確立するための自然な基盤」なのである。「近代」における「高貴な情念」の衰微を強調する点でも、シュトラウスは川出と似ている。「近代」に対するシュトラウスの評価は低い。卓越性への志向により特徴づけられた「古代」とは対蹠的に、「近代」は没価値化の時代であり、名誉や卓越性の希求に対しておよそ冷淡である。個人の自由を絶対視する自由主義の思潮はその典型的事例といってよいが、シュトラウスはこの自由主義の淵源を近代自然法論のうちに見出すのである（Strauss, 1953）。川出によると、初期の代表作『ホッブズの政治学』（一九三六年）は「ホッブスの政治哲学において、「暴力的な死」への恐怖に基礎づけられるブルジョワの徳が、「虚栄心」に基礎づけられる「名誉」や「勇敢さ」といった貴族の徳をいかに巧妙に押し退けていったかを正面から論証しようとするもの」（川出、一九九六a：二八三）であった。

このように「高貴な情念」をめぐって、川出とシュトラウスのあいだには基本的な見解の一致がみられる。だからこそ、「近代」を拒絶するシュトラウスの激しさに戸惑いつつではあるにせよ、川出もまた、現代における「高貴な情念」の不在への危惧という一点において、問題関心を共有することができた。彼女によると、「高貴な情念」は、自由民主体制を担う「政治階級」――「政治に（良い意味での）野心をもち、それに専念することに喜びを見出す階級」――の形成に欠かすことができないという。

いかにしてデモクラシーのルールに違反しないように健全な政治階級を形成するか、という課題を立てることは、しばしば、鼻持ちならないエリート主義として批判を浴びる。だが、この問題を安易に回避するとき、自由かつ民主的であると自認する体制は、共同の意志決定による共通善の実現という、政治の本質的課題の追求から、限りなく無縁なものとならざるを得ない。（川出、一九九四b：一〇五）

ただし、両者のあいだに「政治」観の点で架橋しえぬ断絶があることもまた、指摘しておかねばならない。シュトラウスにとって、「政治」は目的論的な「善」の秩序を前提とする営みであった。彼が再構成した「古典的政治哲学」によると、統治者たるべき「貴人」（gentlemen）は「つねに哲学に共感を示してきた階層」であり、「徳」の褒賞としての名誉に限り希求する（Strauss, 1954: 142, 148, 2013: 116n.44）。ところが、川出はそうした目的論的秩序には関心をもたない。川出にとっての「政治」とは、「洗練された権力欲」としての名誉心により駆動される「闘争」の世界、「少数の特権的な市民が積極的に参与する場」（川出、一九九六a：三〇二）である。これはモンテスキューの見方であり、彼女自身の見方ではない、という反論は当然ありえよう。しかし、前記のウォーリン批判、一八世紀政治理論における「高貴な情念」の扱いに対する好意的評価、「権力意志」などの硬質な分析概念、「自由主義社会にふさわしい政治階級」の希求から浮かびあがるのは、「政治」をあくまでも、特権的な少数者間――無論、その正統性原理は社会構造により多様でありうるが――の「権力」をめぐる「闘争」として把握しようとする姿勢である。無論、川出も、「市民」が「他者との相互的対話、または公的空間における共同行為によって、自らの生を豊かにする可能性」まで否定するわけではない。だが、「政治に対する積極的な情念」を「勤労者」「無徳の公民」（ウォーリン）と化した人々に要求することの困難を、モンテスキューに学んだ川出は誰よりもよく理解していたのではなかったか（川出、一九八九：八、一九九四b：一〇三〜六、一九九九：八、一〇）。

そして、「闘争」としての「政治」といって思い起こすのは、なんといってもマックス・ヴェーバーだろう。ヴェーバーは社会関係一般のうちに「地上における人間対人間の永遠の闘争」を見出すが、政治はその最たる例といってよい。彼によれば、「あらゆる政治の本質」は「闘争であり、同志と自発的追随者を徴募する活動」である。さらに「政治」の担い手は「権力本能」の持主、すなわち、「大衆」とは区別された少数の職業政治家であり、国家も究極的には暴力装置として把握される（Weber, 1988: 29, 347, 506ff., 524, 546）。これは「共和主義」的な（あるいはウォーリン的な）政治観の対極といってよい。ヴェーバーにとっての「権力」は目的論的秩序とは無縁な、デモーニッシュな魅力を放つ、自己目的的な追求の対象にほかならない。そして、このヴェーバーこそ、青年期の川出が傾倒した――彼女の学部時代の卒業制作はヴェーバーの正統性論についてであった――思想家なのである。[4]

いうまでもなく『貴族の徳』は歴史研究である。しかも、実に高い水準を誇る歴史研究である。しかしだからといって、それは現在から切り離された、純粋な過去の探究ではなかった。「できるだけ精緻に過去を描き出すのが私の仕事」（川出、二〇二〇）という後年の発言にもかかわらず、そこに規範的関心が欠けていたわけではなかった。それどころかむしろ、ウォーリン、シュトラウス、ヴェーバーという三人の理論家との内的対話が示すように、川出の歴史研究の基底にはつねに、「政治」の本性に対する強い関心が潜んでいた。この関心ゆえに、『貴族の徳』の歴史叙述はより深みのあるものとなったといえよう。

では、以上のごとき『貴族の徳』のモンテスキュー像はその後、どのように変化したのか、あるいは変化しなかったのか。その過程は単に研究対象への見方だけにかかわる問題ではない。川出のモンテスキュー像の変化は、川出自身の変化でもあるからである。

四　自由と多元性

『貴族の徳』の刊行後も、川出のモンテスキューへの関心は減じていない。実際に川出は著書や論文でたびたびモンテスキューを再訪しており、前著では扱われなかった諸論点が深められている。たとえば、概説的記述（Kawade, 2003, 川出、二〇〇七b）、「共和主義」との関連性（Kawade, 2005）、『ペルシア人の手紙』の人間像（川出、二〇〇七c）、自由論（川出、二〇〇二、二〇一〇）、国際秩序論（川出、二〇一三：一七一—八二）などである。その際にも『貴族の徳』で示された解釈の基本線は揺らいでいない。

ただし、『貴族の徳』以後の作品を注意ぶかく読んでみると、力点の置き方の微妙な変化に気づかされる。それは、政治学史上におけるモンテスキューの位置づけ、なかんずく自由主義との関連についてである。無論、同書が「貴族的リベラリズム」の研究書である以上、「リベラル」な面にも当然言及がなされてはいた（川出、一九九六a：一、二七二、二八四以下）。ただ、「高貴な情念」への当時の関心を反映してか、『貴族の徳』はモンテスキューの「リベラル」な側面を過度に重視する解釈から慎重に距離を置いていた（同：二、一九六、二三二、二三六）。逆に、名誉論への好意的評価にみられるように、川出が強調したのは、モンテスキューの「貴族的精神」や「アリストクラティック」な側面である。肉体的な自己保存を機軸に据えた近代自然法論（ホッブズとロック）が「近代の自由主義のイデオロギー」の出発点となったのに対して、モンテスキューは「十七世紀の「自然状態」論から巧みに排除され、捨象された人間のある特殊な「自己」の様態」、すなわち「他者の記憶の中に自己を刻みつける」欲望としての名誉心に「重要性を認めた」とされる。「プラトンの国家と魂の三部分の理論において、気概的部分が欲望的部分を支配することが正義とされているように、この心に自由であることを誇りうる少数がヒエラルヒーの上位を占めることはモンテスキューにとって自明の理であった」（同：二七一）。

ところが、いまや「貴族的精神」への言及は影を潜め、より「自由主義」的な側面が強調されるようになる。もちろん、モンテスキューが権力の多元性を重視した点は引きつづき指摘されてはいるのだが、「政治の世界」を駆動する根源的情念たる名誉心の「アリストクラティック」な性質についての論及は控えめである。逆に、かつては人間観をめぐる対抗関係が意識されていたロックとならんで、モンテスキューは「原型としての自由主義」を代表する思想家として位置づけられるようになる。川出によれば、方法上の大きな違いにもかかわらず、両者は「個人の自由は法なくしては実現できない」とみる点で共通していた。両者にとっては「法の権威に進んで従うことにより、自らこうした欲求〔＝無拘束の自由への欲求〕に一定の制限を設けることのできる者のみが自由な市民の名に値した」のである（川出、二〇一〇：五四）。概説的記述でもモンテスキューのこうした「自由主義」的側面は強調されている。

いまやわれわれは、近代の政治的自由主義の発展におけるモンテスキューの貢献を評価することができる。まず、自由主義の発展における彼の貢献は、自由主義的と呼ばれる政治(liberal politics)についての枢要な諸原則や決まり事のいくつか(衡平としての正義の観念、政治権力に対する多元主義的見方、近代版「法の支配」論など)を定式化した点にある。さらにまた、モンテスキュー(の思想)は、そうした自由主義的と呼ばれる政治が現実世界において直面する複雑さ――以上の諸原則と、その土台となる実際の状況が矛盾するとはいわないまでも、ときに緊張関係に立つという点において――を反映している。立法と法の支配、諸国民の多様性と正義の普遍原理の可能性、そして共和主義的自己統治の意味における自由と、個人の安全の享受という意味における自由、これら諸原則が両立不可能であると強調する論者たちがいる一方で、モンテスキューは両立不可能性の根拠を探るよりも、むしろ緊張を緩和させることを好む。おそらくこれこそが、彼の理論をどう読み、解釈すべきかについて曖昧さを残す、主たる原因である。しかし、これら諸々の特徴のいずれもが自由な統治にとって不可欠の部分をなす、というのが彼の信念なのであり、この信念こそ、自由主義的と呼ばれる政治の性格を理解しようとする人々を魅了してきたものなのである。

(Kawade, 2003: 232、拙訳)

こうしてモンテスキューはニーチェに連なる「アリストクラティック」な系譜ではなく、「自由主義的と呼ばれる政治」を擁護する系譜の源流とされ、主意主義と主権の政治学(ボダン、ホッブズ、ルソー）に対置されるのである。

さらに川出にとって、モンテスキューは専門とする一八世紀思想史理解の要であるのみならず、現代政治を論ずる際の準拠点ともなった。『貴族の徳』以後、「政治階級」論に比して、自由と多元性への関心はより一層前景化する。とくに川出はモンテスキューを祖とする「多元主義」の系譜への共感を隠さない（川出、一九九六b、二〇〇八b、二〇一五）。一八世紀の「商業社会」とは比較にならぬほどに経済・社会が発展し、それに伴い私的利害がとめどなく分化し、多元化し、錯綜する現代において、社会構造への視座を欠かすことはできない。個人の自由と市民社会の自律性を前提としたうえで、複雑な利害を「政治の世界」、つまり、政党をはじめとする多元的な権力主体が展開する、制度化された権力闘争の世界へと媒介し、「政治」と「社会」の均衡点をそのつど探ってゆく。(5) そこでは中間団体や集団にも、個人と「政治」をつなぐ媒介項としての重要な役割が割りふられる。この見取り図のうちに、モンテスキューが教えた「不協和の調和」の現代版を見出すのは、さほど困難ではないように思われる。

他方で、「自由主義的と呼ばれる政治」の基調化に反する構想、手段はどうあれ、政治的価値の一元化を目指す構想——主権論、ナショナリズム、宗教原理主義、「公共精神」や「祖国愛」の振興など——に対する川出の評価は厳しい（川出、一九九六b：四二〜三、二〇〇七a：一〇六、二〇一五）。とりわけ、モンテスキューによって「脱神話化」された古代共和政の後継者ともいうべき、現代フランスの「共和主義」モデルは多元主義に比して「分の悪さが目立つ」と評される（川出、二〇〇八b：二二五—六）。共和主義モデルは「市民の利害や価値観の同質性が暗黙のうちに前提とされるか、もしくは逆に徒党を組むことができないほど個々人が異質であるという状況」を前提とするが、この前提そのものがいまや非現実的だからである。無論、多元主義モデルといえど盤石には程遠い。最終的に川出はあるべきデモクラシーの未来像を、「多元主義モデルを基礎とし、市民社会のさらなる活性化を目指しつつも、諸集団をゆるやかに統合する外枠として共和国が遠景のように控えている、そのようなあり方」として描きだす。だが、それは理論だけで実現するものではない。自由と多元性という原則をふまえつつ、ときには鋭い緊張関係にも立つ両価値のバランスに配慮しながら、「個々の具体的ケースにおいて老獪ともみえるような暫定的・局地的な解決を積み重ねる」（川出、一九九六b：四二）ことこそが肝要なのである。ここにも、「中庸の精神」(esprit de modération) を是としたモンテスキューの影をみることはゆるされよう。

研究者の例に漏れず、思想史家の仕事もときに孤独である。だからこそ、自己の内なる対話者、思考をともにできる精神の相棒——もちろん、対話者である以上、帰依の対象ではあってはならない——ほど心強いものはない。「政治的なるもの」をとらえる際の準拠点となり、政治学史全体への見通しを与えてくれる思想家。川出良枝にとってのモンテスキューはおそらく、そうした存在である。二〇世紀の思想史家、アイザイア・バーリンにとってのモンテスキューがそうであったように。

バーリンがモンテスキューに発見したのは、この世界に多種多様な価値が併存し、ときにそれらが対立するという状態を単なる事実の問題であるというよりは、それ自体を望ましいあり方、貴重な価値とみなす思想的立場ではなかろうか。この意味での「多元論者」にとって、個人や社会がおのれの奉じる目的を追求する自由を確実に保障されることは、まさに必然的要請となる。すなわち、多元論者は同時に自由の擁護者となる。モンテスキュー理解として核心をつく解釈であり、ここにバーリンその人の自画像を読み取ったとしても間違いはあるまい。

（川出、二〇二二：三一三）

この文章をはじめて読んだとき、引用中の「バーリン」を「川出良枝」に置き換えてみたい誘惑に駆られたものである。

文献

川出良枝、一九八九、「「政治的なるもの」の運命——八〇年代のラディカル・デモクラシー」『創文』二二九号
川出良枝、一九九〇、「恐怖の権力——『法の精神』における「専制」」『思想』七九五号
川出良枝、一九九四a、「学界展望　*On Tyranny, Revised and Expanded Edition*」『国家学会雑誌』一〇七巻五・六号
川出良枝、一九九四b、「テューモスが勝利したのか——リベラル・デモクラシーと高貴な情念」『現代思想』二二巻五号
川出良枝、一九九六a、『貴族の徳、商業の精神——モンテスキューと専制批判の系譜』東京大学出版会
川出良枝、一九九六b、「自由であることと多元的であること」（鬼塚雄丞ほか編『自由な社会の条件（ライブラリ相関社会科学3）』新世社、所収）
川出良枝、一九九九、「自由な討議と権力の不在——木庭顕『政治の成立』（東京大学出版会、一九九七年）を読む」『政治思想学会会報』九号
川出良枝、二〇〇〇a、「名誉と徳——フランス近代政治思想史の一断面」『思想』九一三号

川出良枝、二〇〇〇b、「公と私」『朝日新聞』一月六日朝刊
川出良枝、二〇〇二、「自由」（福田有広、谷口正紀編『デモクラシーの政治学』東京大学出版会、所収）
川出良枝、二〇〇四、「精神の尊厳性――近代政治思想における自律的名誉観念の生成」『思想』九三四号
川出良枝、二〇〇五、「『貴族の徳、商業の精神』の再刊によせて」（東京大学出版会のメールマガジンに五～六月頃掲載）
川出良枝、二〇〇七a、「憲法と共和主義」（杉田敦編『ネーションと市民（岩波講座憲法3）』岩波書店、所収）
川出良枝、二〇〇七b、「モンテスキュー」（松永澄夫編『知識・経験・啓蒙（哲学の歴史6）』中央公論、所収）
川出良枝、二〇〇七c、「商業の時代における人間――モンテスキュー『ペルシア人の手紙』を読む」『日仏文化』七四号
川出良枝、二〇〇八a、「読書空間『政治とヴィジョン』シェルドン・S・ウォーリン（Sheldon S. Wolin）」『論座』一五八号
川出良枝、二〇〇八b、「砂のように孤立化していく個人をどう救うか――デモクラシーと集団を考える」『論座』一六一号
川出良枝、二〇一〇、「自由とは何であって、何でないのか――一七～一八世紀の論争空間」（三浦信孝編『自由論の討議空間――フランス・リベラリズムの系譜』勁草書房、所収）
川出良枝、二〇一五、「自由社会にとっての試金石」（鹿島茂ほか編『シャルリ・エブド事件を考える』白水社、所収）
川出良枝、二〇二〇、「モンテスキューの研究が、未来を見渡す塔を築く（UTOKYO VOICES 079）」（東京大学ホームページ https://www.u-tokyo.ac.jp に三月二六日掲載）
川出良枝、二〇二二、「解説」（バーリン『マキアヴェッリの独創性　他三篇』川出良枝編、岩波文庫、所収）
川出良枝、二〇二三、『平和の追求――一八世紀フランスのコスモポリタニズム』東京大学出版会
Kawade, Yoshie, 2003, Montesquieu. in D. Boucher, P. Kelly ed., *Political Thinkers from Socrates to the present*. Oxford.
Kawade, Yoshie, 2005, Ciceronean Moment: Republicanism and Republican Language in Montesquieu. in *University of Tokyo Journal of Law and Politics*. 2.
久米郁男、川出良枝ほか、二〇〇三、『政治学』有斐閣。
関谷昇、二〇〇三、『近代社会契約説の原理――ホッブス、ロック、ルソー像の統一的再構成』東京大学出版会
千葉眞、二〇一二、「追悼――シェルドン・ウォリン」『政治思想学会会報』四二号

安武真隆、一九九七、「モンテスキューと近代」『政治思想学会会報』四号
Strauss, Leo, 1953, *Natural Right and History*. Chicago.（塚崎智、石崎嘉彦訳『自然権と歴史』ちくま学芸文庫、二〇一三年）
Strauss, Leo, 1989, T. L. Pangle ed., *The Rebirth of Classical Political Rationalism: An Introduction to the Thought of Leo Strauss : Essays and Lectures*. Chicago.（石崎嘉彦監訳『古典的政治的合理主義の再生：レオ・シュトラウス思想入門』ナカニシヤ出版、一九九六年）
Strauss, Leo, 2013, *On Tyranny*. Chicago.（石崎嘉彦ほか訳『僭主政治について』上下巻、現代思潮新社、二〇〇六～七年）
Weber, Max, 1988, J. Winckelmann hg., *Gesammelte politische Schriften*. Tübingen.（中村貞二ほか訳『政治論集』全二巻、みすず書房、一九八二年）
Wolin, Sheldon S., 1960, *Politics and Vision: Continuity and Innovation in Western Political Thought*. Boston.
Wolin, Sheldon S., 1989, *The Presence of the Past: Essays on the State and the Constitution*. Baltimore.（千葉眞ほか訳『アメリカ憲法の呪縛』みすず書房、二〇〇六年）

註

（1）川出良枝先生はわたしの大学院時代の指導教員であり、名実ともに、恩師である。したがって、本来であれば敬称をもちいるべきところではあるが、ここでは学説史上の先達として敬称を略させていただいた。また本書の性格、および紙幅の関係から、二次文献への言及は割愛せざるをえなかった。

（2）川出とウォーリンの立場の相違は、まさにモンテスキュー解釈をめぐって鮮明である。前述のとおり、川出の描くモンテスキューは「政治」と「社会」の二元性を前提としたうえで、両者の均衡と調和の条件を模索した思想家であった。対するウォーリンは、社会の自律性・合理性を強調するモンテスキューの姿勢のうちに現状維持の保守性を看取するとともに、政治の合法則性を追求する――ゆえに卓越性の希求や例外性には冷淡な――「立憲主義」の代表格とみなす

（Wolin, 1960: 359, 392f.）。要するに、「政治的なるもの」を「社会的なるもの」のうちに回収しようとした思想家として、やや否定的に評価されるのである。

なお、川出はのちにウォーリンについて再論しているが、基本的な評価は変わっていないように思われる（川出、二〇〇八ａ）。

（3） 川出自身も指摘するように、『法の精神』以前のモンテスキューは、名誉をもって共和政にも適用可能な情念としていた（川出、一九九六ａ：二六二―三、二六七―八）。名誉の適用範囲を君主政に限定した点について、のちに川出は「共和政ローマを彩った数々の英雄的行為の本質に対する正確な理解としては、初期のモンテスキューの方に軍配が上がる」（川出、二〇〇〇ａ：一三二）と評している。

なお、『貴族の徳』出版から十年後の回想によると、執筆時にはポーコックのように「徳」を古典古代に限定する見方に対する反発心があった、という（川出、二〇〇五）。日本が共和主義的伝統を「完全に欠いている」という認識も、共和主義に対する川出のやや醒めた見方と関係しているのかもしれない（川出、二〇〇〇ａ：一三〇、二〇〇〇ｂ）。

（4） 後年の川出は、ヴェーバーを現代における「権力国家観」の代表格とみている（久米・川出、二〇〇三：九四、九八―九、三七〇―一）。この点については本書第六章（小畑担当）を参照。

（5） たとえば、川出はシャルリ・エブド事件に関する小文においても、法律による言論の自由の規制よりは、市民社会による「自主規制」に好意的である。また、共和国の脱宗教性の原則についても「市民の性格が変化すれば、共和国の性格も変わる」として、「現実問題としては、宗教の自由の優先順位を今よりも少しあげる道を模索することは必ずしも無理な方向ではない」と結論している（川出、二〇一五：八四）。

特別寄稿　粘り強い思考の連続性──『貴族の徳、商業の精神』から『平和の追求』へ

宇野重規

川出良枝さんの仕事を振り返るとき、『貴族の徳、商業の精神──モンテスキューと専制批判の系譜』（一九九六年）と『平和の追求──18世紀フランスのコスモポリタニズム』（二〇二三年）という、いずれも東京大学出版会から刊行された二冊の大著をいかに読み解くかという課題を避けて通ることはできない。四半世紀を超える期間によって隔てられた両著作は、しかしながら驚くべき連続性を保っており、川出さんの思考の骨太さを証言している。

『貴族の徳、商業の精神』は一七世紀末から一八世紀前半にかけてのフランスの思想家を対象に、伝統社会から近代社会への移行期を論じるものである。ブルボン朝の下で伝統的なヒエラルキー社会は完成を迎えると同時に崩壊へと向かい始める。王権・身分社会・カトリシズムの妥協によるバロック国家の矛盾が顕在化したときに浮上したのが「デスポティズム（専制）」批判であり、「貴族の徳」であり、「商業の精神」という論点であった。

フェヌロン、ブーランヴィリエ、アベ・ド・サン゠ピエールという個性的な三人の思想家を俯瞰する思想地図を用意した後、川出さんはいよいよモンテスキューという本丸の分析に取りかかる。描き

出されるのは、「多元的な諸力による対抗関係を内に含みつつ、全体として一致をみるというかたちをとる統合」であり、そのような多元的な秩序からなる国家こそが「自由な国家」であるという、鮮やかなモンテスキューのデスポティズム批判であった。その鍵はまさに「不協和の調和」にあった。「自由な国家」は同時に、勃興しつつある商人と旧来の身分秩序の中核に位置した貴族が、「それぞれに固有の情念に身を任せ個別利益を追求する結果、宇宙の秩序にも似た生き生きとした秩序の実現する世界」であった。そして、互いに分裂する二重の秩序の結節点となるのが「名誉」であり、「政治的自由」と「市民的自由」の関係であるという分析は最終的に、「普遍的正義・一般精神の支配・不協和の調和としての政治的自由」が重なり合うモンテスキューの壮大な秩序像を指し示す。今読み直しても圧倒的な迫力を持つ研究だと思う。

対するに『平和の追求』が対象とするのは、一八世紀のヨーロッパ、とりわけフランスのコスモポリタン思想である。この時期、ヨーロッパでは「世界の市民」であることに積極的な価値を見出そうとする思想が浮上する。しばしば啓蒙のコスモポリタニズムは、国民国家の時代を前にした、「浮世離れした理想主義」のようにみなされる。しかしながら、川出さんはこのような偏見に敢然と立ち向かい、むしろ「国境に囚われず自由闊達に活動する世界市民たちの姿」と、「すでに国民という単位で編成される新しい国際秩序の論理」の両者が切り結ぶ、実に興味深い時代として一八世紀を提示する。

川出さんはこの課題を実現すべく、ストア派のコスモポリス概念に遡り、初期近代におけるその受容を追跡する。フェヌロン、サン＝ピエール、モンテスキューという川出さんの著作の「常連」に加え、ラムジー、ディドロ、エルヴェシウス、マブリ、ル・ブラン、フジュレ、ミラボーら多様な思想家が登場し、さらに議論の射程はフランスを超えて、ライプニッツやカントにまで及ぶ。一貫しているのは、祖国への義務を説くパトリオティズムと人類の愛を掲げるコスモポリタニズム、あるいは人間の義務と市民の義務が必ずしも背反的とは限らず、その関係がはるかに微妙であるという洞察である。

両者の緊張が頂点に達するのがルソーである。人類への愛が祖国への愛に優位するという、ストア派的なコスモポリタニズムから出発したルソーは、やがてコスモポリット批判と祖国への愛の強調へと転換するが、「市民」であることと「人間」であることの懸崖は深いままであった。祖国への愛と人類への愛が究極的に調和するのかどうか、ルソーは悩み続けたのである。さらにルソーは戦争を防ぐための国家連合と暴政を防ぐための国家連合論を考えた。世界君主政を暴政の最たるものとみなしたルソーの構想は、やはり世界君主政を望まず、共和政国家の漸進的な連合形成に期待したカントへとつながる。現代における安直なグローバリズムと単純な権力政治的な思考のいずれとも対峙するうえで、極めて貴重な議論であろう。

このように専制批判からコスモポリタン思想へと分析の焦点は移動していくが、そこに貫かれている問題意識の連続性は明らかだろう。多元的な秩序の構想と政治的自由の追求を論じる前者と、「人間」であることと「市民」であることの緊張ある関係を丁寧に読み解く後者は、人間と社会の関係の単純に割り切れない関係と同時に、その矛盾や多元性こそが政治的自由を可能にするという信念において通底している。人間の情念の多様性を見据えて、粘り強く秩序を模索する川出さんの思考法は、混迷を深める現代においてますます重要な意味を持つはずだ。

特別寄稿　醒めて見よ、そして捉えよ

重田園江

はじめて川出良枝さんの名前を知ったのは、学部時代の共通の恩師である早稲田大学の藤原保信先生からだった。私はといえば、バブルに浮かれた大学生活を経て空前の売り手市場下で就職したものの、会社員生活にはまったく適応できなかった。そこで半分やけくそで大学院に進学したいと藤原研究室を訪ねたときのことだ。

先生は神妙な表情で、女性が研究者として、あるいは会社に所属するのとは別の道で人生を立てていくことの難しさを語られた。いまならそれがどれだけ貴重なアドバイスか分かるが、当時世の中を舐めきっていたわたしは、そんなこと知ってるよくらいに聞き流していた。

しかし最後に先生は背中を押してくださり、その際に「先達」として二人のゼミ出身者の名前を挙げられた。一人が森まゆみさん（あの『谷根千』の）で、もう一人が川出良枝さんだった。

そのころの川出さんは「本郷の大学院に行ってモンテスキュー研究をしている」雲の上の人で、後になって近しく仕事をさせていただく関係になるとは想像もしていなかった。

直接言葉を交わしたのは、それからしばらく経ってからのことだ。たしか早稲田で行われた『貴族の徳、商業の精神――モンテスキューと専制批判の系譜』の合評会だったと思う。そのときにもまだ川出さんは雲の上の人で、こちらは自己紹介するだけで緊張してしまった。

だが当時はまだ、川出さんの研究のすごさを何も分かっていなかった。だから、いまとなっては臆見の極みのような態度を取った自分が滑稽だ。

そして遅まきながら、二〇〇七年ごろにようやく、川出さんのすごさを理解するに至った。ブーランヴィリエの政治思想についてわたし自身の論文で取り上げる際、日本語の貴重な先行研究である川出さんの文章の密度に触れたからだ。『貴族の徳、商業の精神』第二章にあたるその部分は飾り立てとは無縁で、まるで淡々と書かれているのに、激しい熱量を持っていた。歴史叙述とは権力闘争である。この命題がブーランヴィリエの思想を中心に燃えさかる言論空間として描かれていたのだ。

この人はこの一つの節、この一つの注を書くために、どのくらい読み、考え、推敲したのだろう。いったいどれだけ集中すれば、こんな文章が書けるのか。それはまるで、冷たすぎる氷の表面に不意に触れて火傷するような、不思議な感覚だった。この本の文章は非常に切りつめられていて、簡潔な表現で若い時代の思索の凝集を、全く無駄なく次々と展開していく。切れ味が鋭いとはこのことだろう。

それ以来、川出さんのことは臆見を超えて尊敬していると勝手に自負しているのだが、二〇二三年にもう一度驚かされることになった。少し前から、今まとめている本の原稿チェックが大変で、とおっしゃっていたが、まさかこの密度の著書を出されるとは想像していなかった。それが『平和の追求――18世紀フランスのコスモポリタニズム』だ。

もちろん川出さん自身、次は国際平和の思想史でと考えて長年あたためてきたテーマで、その成果の一部をすでに世に問うてもいた。ただ、その間も日本の政治思想史研究を背負う役割を果たさなければならないポジションにいて、多岐にわたるさまざまな仕事をされてきたことを、わたし自身が間近に見てきた。その幅はとても広く、多忙をきわめているのは明らかだった。そうしたなか、ここまで一貫性あるテーマを、しかも最新の研究動向をフォローしつつ追いつづけるというのは、どれほどの精神力だろう。

さらに驚くのは、著書のテーマの現代性だ。二十年前には考えられなかったことが、いま世界で次々と起こっている。なかでもウクライナとガザで相次いだ戦争は、「第二次大戦後の平和」の終焉を決定づける出来事となった。この時代が最も必要としているものの一つが、国際平和を根本から捉えなおす諸構想である。『平和の追求』を読むと、一八世紀と現在の隔たりよりも、むしろ国際平和をめぐる困難や障壁があまり変わっていないことに気づかされる。だからこそ、こんがらがった現在を遠目から見返す大いなるヒントを、一八世紀の平和論が与えてくれるのだ。

このように書くと、本郷の法研の奥深くに鎮座する畏れ多い大教授のイメージを持たれるかもしれない。だが川出さんの研究には、文献渉猟のやり方や着眼点にそこはかとないオタク性がある。好きなことを、好きなやり方で、だからこそ徹底して追求してきた方なのだ。

川出さんの魅力を語ればきりがないので、わたしの下手な口上はこのあたりで終えることにする。どうかみなさん、川出さんの目が覚めるような文章、思い切りがよく配慮に満ちた人間性がにじむその研究業績を、じっくり読み、何度でも味わってほしい。

あとがき

とりあえず、ほっとしているというのが、現在の心持である。これまで共著への参加経験はあったが、みずから編者として本をまとめるのは、今回がはじめてである。自分の担当部分の執筆はそれはそれとしても、個性豊かな面々に原稿の執筆を依頼し、一冊の本にまとめあげる作業はそれはそれで、独特の苦労をともなうものであった。幸い、「戦後日本と西洋政治思想研究」というやや大風呂敷な主題にもかかわらず、執筆者全員が本書の企画に大変意欲的であり、編者に対する協力を惜しまれなかった。ある先輩の言によると、「共著は学者の集合写真である」とのことだが、少なくともわたしにとって、本書は最高の集合写真となった。また、白水社の竹園公一朗氏によるスピーディな編集作業なくして、本書が無事に上梓されることはなかったであろう。心より感謝申し上げるしだいである。

なにより、編者が東京大学大学院で指導を受けた恩師、川出良枝先生の緑寿記念に間に合ったことが嬉しい。川出先生は佐々木毅、福田有広の後継として長年にわたり、日本の政治学史研究を牽引してこられた。ご研究の水準の高さはいうまでもないが、そのお人柄もまた、すばらしい。学問へのひたむきな情熱を内に秘めつつ、周囲の他者に対してはあくまでも優しく、寛容な姿勢を崩されない。先生の教え子はそれぞれ個性的で、関心も方法も多様であるが、これこそまさに、先生の学問の懐の深さの証であるように思われる。直接の教え子のほかにも、先生の学恩を賜った人は数知れない。本書の出版に際しては、私信で幾度もあたたかい励ましのお言葉を賜っただけでなく、対談企画にもご参加いただくこととなった。日本の政治学史研究をめぐる先生の証言は貴重であり、本書の価値を一層高めている。対談の席上、先生から学問への衰えぬ意欲を伺って、身が引き締まる思いがしたものである。

どうか、これからも末永くお元気で、後進を叱咤激励していただきたい。執筆陣一同の切なる願いである。

二〇二五年一月　自宅にて

熊谷英人

*

秋元真吾（あきもと・しんご）＝第８章
1989年生まれ。パリ第一大学哲学科博士課程、トレント大学法学部博士課程（共同指導）修了。Ph.D（哲学）、Ph.D（法学）。現在、フランス国立科学研究機構（Centre National de la Recherche Scientifique）、パリ第二大学ジャン・ゴードメ法史研究所、常勤研究員（Chargé de recherche）。主な著書に *À l'image de l'Antiquité. Jean Bodin et la juris prudentia dans la France des humanistes*（Classiques Garnier, 近刊）。

小畑俊太郎（おばた・しゅんたろう）＝第９章
1975年生まれ。東京都立大学大学院社会科学研究科博士課程修了。博士（政治学）。現在、甲南大学法学部教授。専門は西洋政治思想史。主な著書に『ベンサムとイングランド国制』（慶應義塾大学出版会）、主な訳書にスコフィールド『ベンサム』（共訳、慶應義塾大学出版会）、主な論文に「ベンサムにおけるデモクラシーと官僚制」『年報政治学2013-Ⅰ』（木鐸社）他。

宇野重規（うの・しげき）＝特別寄稿
1967年生まれ。東京大学大学院法学政治学研究科博士課程修了。博士（法学）。現在、東京大学社会科学研究所教授。同研究所で〈希望学〉プロジェクトをリードするほか、『政治哲学へ』（東京大学出版会）で渋沢・クローデル賞、『トクヴィル　平等と不平等の理論家』（講談社選書メチエ）でサントリー学芸賞、『民主主義とは何か』（講談社現代新書）で石橋湛山賞。主な著書に『〈私〉時代のデモクラシー』（岩波新書）、『民主主義のつくり方』（筑摩選書）、『西洋政治思想史』（有斐閣）、『未来をはじめる』（東京大学出版会）、『日本の保守とリベラル』（中公選書）、『近代日本の「知」を考える。』（ミネルヴァ書房）他。主な編著に『社会統合と宗教的なもの』、『共和国か宗教か、それとも』、『フランス知と戦後日本』（以上、白水社）他。

重田園江（おもだ・そのえ）＝特別寄稿
1968年兵庫県西宮市生まれ。早稲田大学政治経済学部卒業後、日本開発銀行を経て、東京大学大学院総合文化研究科博士課程単位取得退学。現在、明治大学政治経済学部教授。専門は、現代思想・政治思想史。著書に『フーコーの穴』（木鐸社）、『ミシェル・フーコー』、『社会契約論』、『ホモ・エコノミクス』（以上、ちくま新書）、『連帯の哲学Ⅰ』、『統治の抗争史』（以上、勁草書房）、『隔たりと政治』、『フーコーの風向き』（以上、青土社）、『真理の語り手』（白水社）他。

越智秀明（おち・ひであき）＝第3章
1990年生まれ。東京大学大学院法学政治学研究科博士課程単位取得退学。現在、國學院大學兼任講師、明治学院大学非常勤講師。専門は政治学史。主な論文に「『寛容論』の戦略——ヴォルテールの共和国再考（一七六〇－一七七四）」（『国家学会雑誌』132巻1・2号）、「自由主義者勝田吉太郎による民主主義批判」（『戦後日本の学知と想像力』）。

古城毅（こじょう・たけし）＝第4章
1975年生まれ。東京大学大学院法学政治学研究科博士課程修了。法学博士。現在、学習院大学法学部政治学科教授。専門は政治学史。主な論文に「商業社会と代表制、多神教とデモクラシー——バンジャマン・コンスタンの近代世界論とフランス革命論」『国家学会雑誌』127巻3/4～11/12号、「ナチュラル・アリストクラシーと市民社会——フランス革命期からナポレオン政権期にかけてのスタールの政治社会構想」『学習院大学法学雑誌』58巻1号。

髙山裕二（たかやま・ゆうじ）＝第5章
1979年生まれ。早稲田大学大学院政治学研究科博士課程修了。博士（政治学）。現在、明治大学政治経済学部准教授。専門は政治学・政治思想史。主な著書に『トクヴィルの憂鬱』（白水社、サントリー学芸賞受賞）、『憲法からよむ政治思想史［新版］』（有斐閣）、『ロベスピエール』（新潮社）他。

村木数鷹（むらき・かずたか）＝第6章
1994年生まれ。東京大学大学院法学政治学研究科博士課程単位取得退学。法学博士。現在、東京大学大学院法学政治学研究科附属ビジネスロー・比較法政研究センターICCLP研究員。専門は政治学史。主な業績に「マキャヴェッリアン・パラドックス——歴史的範例を扱う新たな方法論と近代政治学の誕生」博士学位論文（東京大学）、「ネグリに抗するマキャヴェッリ——マルチチュードをめぐるオルタナティヴを求めて」『現代思想』2024年5月臨時増刊号（青土社）他。共著書に『マキァヴェッリと宗教——社会形成に〈神〉は必要か』（論創社）他。

上村剛（かみむら・つよし）＝第7章
1988年生まれ。東京大学大学院法学政治学研究科博士課程修了。法学博士。現在、関西学院大学法学部准教授。専門は政治学史、西洋政治思想史。主な著書に『権力分立論の誕生』（岩波書店、サントリー学芸賞受賞）、『アメリカ革命』（中公新書）他。

執筆者略歴

熊谷英人（くまがい・ひでと）＝編者・まえがき・座談・第10章・あとがき
1984年生まれ。東京大学大学院法学政治学研究科博士課程修了。博士（法学）。現在、明治学院大学法学部政治学科准教授。専門は政治学史。主な著書に『フランス革命という鏡』（白水社、サントリー学芸賞受賞）、『フィヒテ「二十二世紀」の共和国』（岩波書店、日本フィヒテ協会賞、吉野作造研究賞受賞）、『ルソーからの問い、ルソーへの問い』（吉田書店）他。

川出良枝（かわで・よしえ）＝座談
1959年生まれ。東京大学大学院法学政治学研究科博士課程修了。博士（法学）。現在、東京大学大学院法学政治学研究科教授。専門は政治学史・現代政治理論。主な著作に『貴族の徳、商業の精神——モンテスキューと専制批判の系譜』（東京大学出版会）、『西洋政治思想史——視座と論点』（山岡龍一との共著、岩波書店）。"Liberty and the Rule of Law," in *A Cultural History of Democracy*, vol. 4（Bloomsbury Academic）。『平和の追求——18世紀フランスのコスモポリタニズム』（東京大学出版会、2023年）他。

永見瑞木（ながみ・みずき）＝第1章
1980年生まれ。東京大学大学院法学政治学研究科博士課程修了。博士（法学）。現在、大阪公立大学法学部教授。専門は政治学史、18世紀フランス政治思想。主な著書に『コンドルセと〈光〉の世紀』（白水社）、『フランス知と戦後日本』（共著、白水社）、主な訳書にロザンヴァロン『良き統治』（共訳、みすず書房）、マクフィー『フランス革命史』（共訳、白水社）他。

安藤裕介（あんどう・ゆうすけ）＝第2章
1979年生まれ。立教大学大学院法学研究科博士後期課程満期退学。政治学博士。現在、立教大学法学部准教授。専門は政治思想史。主な著書に『商業・専制・世論』（創文社、渋沢・クローデル賞ＬＶＪ特別賞）、*The Foundations of Political Economy and Social Reform*（共編著、Routledge）、『岩波講座 政治哲学２』（共著、岩波書店）、主な訳書にロザンヴァロン『良き統治』（共訳、みすず書房）、マクフィー『フランス革命史』（共訳、白水社）他。

戦後日本と政治学史
古典をめぐる十の対話

二〇二五年 三 月一五日 印刷
二〇二五年 四 月一〇日 発行

編　者© 熊　谷　英　人
発行者　岩　堀　雅　己
印刷所　株式会社　三　陽　社
発行所　株式会社　白　水　社

東京都千代田区神田小川町三の二四
電話　営業部〇三（三二九一）七八一一
　　　編集部〇三（三二九一）七八二一
振替　〇〇一九〇・五・三三二二八
　　郵便番号　一〇一・〇〇五二
www.hakusuisha.co.jp
乱丁・落丁本は、送料小社負担にて
お取り替えいたします。

加瀬製本

ISBN978-4-560-09161-6
Printed in Japan